Claude Hirlay
Marie Rozé

L'ART DE LA MARCHE

OLIVIER BLEYS

L'ART DE LA MARCHE

ALBIN MICHEL

Si le problème a une solution...
Rien ne sert de s'inquiéter !
Mais s'il n'en a pas,
alors s'inquiéter ne change rien...

Proverbe Tibétain

Ce récit est dédié à mes filles, Alice et Mila.
Avec l'espoir d'allumer en elles
l'étincelle d'une grande aventure.

Merci à Rémi R., Sophie D., Romain B.,
Mes compagnons de marche sur les sentiers d'Europe.

Ici, les convultions de la planète, sont amorties, on ne reçois aucun échos des troubles et des souffrances dont retentit le monde dans les bulletins d'actulité. → p.130

Marcher c'est accompagner le mouvement de la Terre. C'est donc, en quelque façon, entrer dans la danse des corps célestes, s'harmoniser au cosmos. → p132

Un mensonge, c'est toujours une complication → p150

POLOGNE
RÉPUBLIQUE TCHÈQUE
SLOVAQUIE
ALLEMAGNE
FRANCE
SUISSE
AUTRICHE
HONGRIE
SLOVÉNIE
CROATIE
BOSNIE-HERZÉGOVINE
SERBIE
ITALIE
ESPAGNE
Paris
Vienne
Bratislava
Budapest
Miskolc
Lac Balaton
Dubrava-Krizovljanska
Velenje
Ljubljana
Zagreb
Mestre/Venise
Bassano del Grappa
Trento
Tresenda
Lac de Côme
Andermatt
Brig
Martigny
Albertville
Chambéry
Lyon
Le Puy-en-Velay
Pampelonne
Albi
Toulouse
Rome
Mer Adriatique
Mer Méditerranée
200 km

Échauffement

Depuis toujours, j'ai le goût des planisphères et la passion fidèle, presque amoureuse, des globes terrestres. Ces larges cartes où se déploie, en fausses couleurs, l'image du monde entier, ces boules de plastique ou de carton bouilli, qu'un axe de laiton tient gracieusement inclinées, sont pour moi un objet de rêverie et de contemplation.

Les globes surtout me ravissent. Si ma bibliothèque n'était déjà garnie de livres, et peuplée aussi de bibelots trop nombreux, j'en remplirais mes étagères. Il y en aurait d'anciens à la géographie rêveuse, hantés de licornes et de monstres marins, dont d'infatigables voiliers zèbrent les océans. On en trouverait des modernes, rouges ou noirs, aux continents d'acier poli, qu'une ampoule magiquement éclaire de l'intérieur. Cette réunion n'obéissant qu'à mon caprice, pas besoin d'y inclure des pièces remarquables. Je ne suis pas collectionneur ; je suis amateur éclectique, héritier de ces hommes du passé qui, au gré de leurs voyages et de leurs flâneries, glanant ici et là des objets singuliers, ont fondé pièce à pièce leur cabinet de curiosités.

Nous sommes nombreux à aimer les globes terrestres, ou plutôt l'image qui les habille, cette physionomie bien connue de notre planète. Nous ressentons pour cette composition de terre et d'eau, qui est aussi une harmonie de bleu et de jaune sur la nuit de l'espace, une sympathie spontanée. Quoi de plus naturel ? Qui n'aurait de l'attachement au lieu qui l'a vu naître, au berceau unique de l'espèce ?

Cette représentation du monde, les six continents baignés de vastes étendues marines, nous est si familière qu'il nous semble l'avoir toujours connue. Nous pourrions presque, de mémoire et sans modèle, tracer les contours des terres habitées, mieux que nous n'esquisserions le visage de nos propres parents : l'Afrique, robuste triangle isocèle ; l'Amérique, sablier rétréci par le milieu ; l'Europe, charpie dont les lambeaux trempent dans des océans froids…

Est-il aujourd'hui de tribu si isolée que ses membres n'auraient, une fois au moins, caressé ces formes du regard ? Sans doute pas. Est-il un habitant des villes à se trouver dans le même cas ? Sûrement, non. Devenus majoritaires au cours du dernier siècle, les citadins posent chaque jour leurs yeux sur des figurations de notre planète. Une foison d'objets sont créés à sa ressemblance, quantité de documents en portent l'image. Quoi de plus banal qu'une Terre imprimée sur un rouleau de papier ? ou, aussi bien, qu'une Terre en balle de caoutchouc ; une Terre motif de tapisserie, d'affiche, de carton de pizza, de fond d'écran d'ordinateur ; cendrier, colifichet pendu au porte-clés ? Dans la petite maison où j'écris ces lignes, j'ai compté vingt-quatre représentations de la Terre, depuis la couverture d'un magazine scientifique jusqu'au sous-main illustré de mon bureau.

Pourtant, l'humanité a vécu la plus grande part de son histoire, et la totalité des âges méconnus qui l'ont précédée, dans l'ignorance du visage de notre Terre. La question d'abord de sa forme – est-elle plate, est-elle ronde ou autrement ? –, puis du dessin des mers et des continents a divisé nos ancêtres durant des millénaires.

Jusqu'à ce jour, le vingt-trois août 1966, où la sonde *Lunar Orbiter 1* envoyée cartographier la Lune a réalisé le premier cliché de la Terre depuis l'espace. Ce jour-là naissait à l'œil de tous les occupants de notre planète, et de la multitude encore à naître, une représentation entière, véridique, conforme – et, bien sûr, tellement émouvante – du seul astre que nous habitons dans l'immensité du cosmos.

C'est un miracle dont, me semble-t-il, nous avons perdu le sens et la portée. Si je ne craignais d'ajouter à mon âge, je voudrais être l'un de ces Terriens du vingtième siècle qui, pour la première fois, a découvert la photo de notre planète prise par *Lunar Orbiter 1*, en couverture de plusieurs revues de l'époque ; ou cet autre, son cadet de quelques années qui, pour la première fois également, a vu un congénère humain fouler le sol du satellite lunaire.

Lever de Terre a changé notre regard sur la planète que nous peuplons. Cette image est aussi très importante pour moi. Je l'ai glissée dans mon portefeuille, avec des photos de mes enfants. J'aime la contempler et contourner le globe du bout de mon index, en rêvant que ce geste tout simple – encercler la Terre avec mon doigt –, je puisse un jour le répliquer en vraie grandeur : tourner le monde, oui, mais sur mes jambes…

En apparence, il y a loin de ma fascination pour le cosmos à mon goût de marcher. L'échelle n'est pas la même, et l'expérience diffère en tout : d'un côté, le vertige d'espaces incommensurables d'où l'homme est absent ; de l'autre, un plaisir simple, animal, progresser à ras de sol par les moyens dont la nature nous a dotés, c'est-à-dire par l'usage alterné de nos pieds.

Pourtant, c'est bien d'une image de la Terre, photographiée depuis la Lune que mon projet de longue marche tire secrètement son origine. Il me déplaît d'habiter un seul lieu, alors que s'ouvrent à nous des horizons si vastes. Il me coûte d'être immobile alors que cette boule bleue, roulant dans le néant, m'entraîne allègrement dans sa danse. Avant de rendre l'âme, j'aimerais avoir foulé tous les continents, frotté mon oreille à toutes les langues et cuit ma peau à tous les soleils. Il s'agit pour moi, ni plus ni moins, que de visiter ma maison, d'en explorer toutes les pièces au lieu, comme tant de mes congénères, d'en occuper une seule leur vie durant.

De là – d'un immense appétit d'espace et d'un élan irrépressible à marcher – est né le projet dont ce livre rend témoignage : un tour du monde à pied, par étapes. Une circumambulation complète, réalisée sans user d'aucun véhicule ni prendre aucun raccourci, au terme de laquelle j'espère loger mon dernier pas dans l'empreinte du premier.

Ce rêve d'un tour du monde à pied, d'autres le partagent. Quelques-uns même l'accomplissent. Le Canadien Jean Béliveau a passé onze ans sur les chemins, et couvert d'une traite la plus longue distance à pied jamais enregistrée (75 000 kilomètres, marchés sur tous les continents). Il est rentré voici bientôt cinq ans et, certes, l'on se demande bien à quoi il peut s'occuper, maintenant qu'il a fermé la boucle ? Le projet de Caroline Moireaux, *Pieds Libres*, n'est pas moins ambitieux. Ingénieur dans une entreprise, cette trentenaire décide de tout quitter pour vivre une aventure pédestre autour du monde. Sa longue marche se poursuit depuis cinq ans, minutieusement documentée sur son site internet. C'est en équipe qu'ont choisi d'avancer les membres d'une autre expédition, *Tout en marchant*. Eux aussi sont en chemin, quelque part en Australie après déjà huit années de voyage. Issu de leurs rangs, Sylvain Alleg a préféré continuer le sien en solitaire.

Des marcheurs longue distance méritent de compléter cette galerie, même s'ils ne se revendiquent pas « tourneurs de monde » et suivent d'autres itinéraires : Bernard Ollivier, l'une des plus belles signatures de l'écriture nomade, a mis ses pas sur l'antique route de la Soie, qu'il a parcourue d'Istanbul à Xi'an, en Chine. La Suissesse Sarah Marquis, aventurière solitaire, a sillonné les déserts australiens, le plateau mongol et la cordillère des Andes. Fondateur des éditions Transboréal, Émeric Fisset a marché en Alaska sans liaison radio ni soutien logistique. Alexandre et Sonia Poussin ont tracé une diagonale pédestre à l'est du continent africain, depuis la pointe du Cap en Afrique du Sud jusqu'en Israël. Enfin, les aventuriers Sylvain Tesson et Priscilla Telmon vont volontiers à pied, lorsqu'ils ne chevauchent pas un cheval ou une moto à travers les steppes sauvages d'Asie centrale.

Mais, pour une poignée de marcheurs dont on connaît les noms, dont on lit les récits, dont on fréquente les blogs, combien d'anonymes se sont lancés dans une aventure à deux jambes ? Il n'y a qu'à parcourir, en ligne, les forums dédiés à la marche pour vérifier qu'une foule d'individus projettent d'accomplir de grands voyages à pied, et qu'il s'en trouve, parmi eux, une consistante minorité qui veulent effectivement « tourner le monde ».

Il n'allait pas de soi que je déclare à mon tour cette ambition. Je ne suis pas issu d'une lignée de voyageurs. Ma mère n'a jamais pris l'avion, et les quelques séjours de mes parents à l'étranger n'ont pas franchi les frontières européennes. Des deux côtés, mes généalogies s'enracinent dans mon pays de naissance, la France, et même, dans des territoires limités qui recouvrent plus ou moins les départements actuels du Rhône et de la Haute-Garonne. Agriculteurs ou magistrats aussi loin qu'on s'en souvienne, les miens n'ont jamais senti leurs jambes les démanger, ni leur cœur envier d'autres paysages que ceux immédiatement sous leurs yeux. L'horizon de mes ancêtres se bornait au périmètre d'un champ ou d'une juridiction. Il semble bien qu'ils s'en contentaient.

Aucun voyageur donc parmi mes ascendants, sauf un aïeul expatrié sous les tropiques dont les collections de « curiosités » garnissaient autrefois le salon de ma grand-tante, dans une bâtisse familiale près de Toulouse. Il y avait là, fixés au mur par des clous de tapissier, un chapeau chinois en bambou tressé, un éventail en raphia, un mousquet avec sa poire à poudre, des fleurets, une gamelle militaire, parmi d'autres reliques d'âges et de provenances variés, toutes grises de poussière. Enfant, j'avais la permission de décrocher ces trésors pour les regarder de près – les épées, en particulier, exerçaient sur moi un attrait mystérieux ; elles servirent une ou deux fois à régler avec mon cousin Arnault des différends imaginaires.

Les premiers, ces bibelots exotiques m'ont parlé de voyages, d'aventures, du *Grand Dehors* cher à l'écrivain Michel Le Bris. Je ressentais à travers eux une lente mais puissante dilatation du monde, laquelle, par contraste, me rendait le quotidien – le morne quotidien d'un écolier de onze ans, habitant d'une grande ville française – de plus en plus étroit et incommode. Plus ternissait le petit milieu où j'évoluais, plus gagnaient en relief, au contraire, ces contrées inconnues à l'autre bout de la planète, ces îles inexplorées aux angles des mappemondes dont les rivages portent des noms difficiles et envoûtants.

C'est autour de ma dixième année que j'ai humé pour la première fois le vent du large et senti dans mon âme, dans mon corps pareillement, ce fol élan d'aventure. La graine était plantée ; celle vive et remuante qui en envoie certains affronter le cap Horn sur un voilier, en lance d'autres à l'abord périlleux des déserts froids ou chauds et m'adresserait, moi, aux sentes caillouteuses du marcheur.

Cependant, faute d'un terreau assez fertile, faute aussi de rencontres et d'encouragements, la graine n'a pas germé aussitôt. Des années passeraient avant qu'un climat favorable « lève la dormance », comme disent les jardiniers, et révèle au grand jour une aspiration déjà ancienne à voyager à pied.

L'aventure m'a happé sur le tard. À l'âge où les aventuriers, les vrais, s'assagissent un peu, réduisant pour certains la portée de leurs voyages, fondant pour d'autres une famille après tant d'années d'errance solitaire, j'ai fait tout l'opposé : je suis parti.

J'avais déjà quarante ans, des enfants, un travail, des

obligations et quelques responsabilités. Mais, d'un coup, cette vie normale avait perdu toute saveur à mon palais. Il y manquait une forme d'assaisonnement que procurent seuls l'incertitude du chemin à suivre, le risque de la chute et du faux pas, le vertige des distances patiemment conquises par des foulées humaines. Dans cette existence ordinaire manquait l'extraordinaire. Dans ce parcours trop sage manquaient la démesure et le rêve hors desquels, me semble-t-il, il n'est pas d'accomplissement réel ni de bonheur solide.

Je suis parti, oui – et ne suis pas revenu. La plupart des récits de marche traitent d'aventures achevées. La mienne se poursuit, comme vous lisez ces lignes. Où me placer sur la carte ? Peut-être au milieu des steppes russes, agitant ma clochette contre les ours noirs. Peut-être à l'assaut des plateaux mongols, mal nourri de viande de yak et de beurre rance. Le paysage, au final, importe peu. C'est l'élan qui compte.

Tant que mes jambes me porteront, tant qu'un large souffle habitera mes poumons, j'aurai le goût d'explorer le globe et d'accomplir, sinon en faits du moins en rêve, la promesse jamais tenue de l'horizon.

Bordeaux, France, le trois juillet 2010

D'où me vient cette impression, en voyage, que les départs surviennent trop tôt, qu'on doit quitter les lieux et les gens sans y être préparé ?

Cette fois, encore : la veille d'entamer le tour du monde à pied, mon bagage n'est pas fait. Il reste quantité d'affaires à ranger et je me demande si ce sac à dos de soixante-quatre litres, le plus léger du marché m'a affirmé le vendeur, avalera tout ce qu'il doit contenir. Des habits pour temps chauds ou froids, une tente, un sac de couchage, des provisions alimentaires, des fournitures neuves qui portent encore les étiquettes de prix s'entassent sur la table de ma salle à manger. Elle est jonchée aussi de guides, de listes de lieux d'hébergement, de cartes imprimées que je dois étudier en détail.

Si l'on considère toutes les éventualités d'une marche aventureuse, c'est une remorque qu'il faudrait traîner derrière soi ! Et si j'étais mordu par un serpent ?

Prévoir une seringue à venin, de l'alcool, quelques compresses stériles. Et si je m'égarais dans la montagne ? Ne pas oublier le sifflet, le miroir à signaux, la couverture de survie, un jeu de piles pour ma lampe frontale, une seconde lampe si la première venait à lâcher !

La liste des articles à emporter ne cesse de s'allonger. Je l'ai imprimée, d'ailleurs, sur cinq bonnes pages, et marque d'une croix les effets déjà réunis sur la table. Je viens d'ajouter une paire de lacets de rechange, en souvenir d'un ami randonneur qui avait rompu les siens au milieu d'un trek : il avait franchi plusieurs cols enneigés avec un pied chaussé d'une botte, l'autre d'une sandale entortillée dans un sac plastique.

Pour la dixième fois peut-être, je vide le sac que je viens de remplir parce qu'en le chargeant sur mon dos, j'ai senti qu'il me tirait en arrière ou me poussait en avant, qu'il était plus lourd d'un côté que de l'autre. « Le poids total du sac ne doit pas dépasser 20 % du poids du marcheur », ai-je lu sur Internet. J'y ai appris aussi qu'il fallait « loger les éléments lourds le plus près possible du dos (du cadre métallique formant l'armature du sac), c'est-à-dire du centre de gravité du corps, en position haute quand le terrain est plat, en position basse quand il est inégal ».

Il est bientôt minuit et ça n'avance pas. Je sens peser sur mes épaules la fatigue tant redoutée. Mes gestes sont lents, mes idées confuses. Je dois fournir des efforts considérables pour réussir des actions très simples – par exemple, rentrer dans l'étui le surpantalon imperméable que j'ai bêtement déplié pour vérifier la taille. Ce n'est pas seulement un engourdissement physique, une somnolence qui me gagne et attachera demain des boulets à mes chevilles. C'est aussi un vague à l'âme, un doute puissant sur le sens et la valeur de mon projet et, pour commencer, sur la possibilité de le mener à bien. Je ne suis pas encore parti, et voilà que déjà, je me demande si j'arriverai.

« À quoi bon ? » : cette question me taraude. Je suppose qu'elle hante quiconque se lance dans une entreprise risquée, ou seulement hasardeuse. Un certain élan vous pousse à agir, mais une force antagoniste vous freine et vous retarde, parfois vous immobilise : tout le monde connaît ces tensions intérieures.

Dans mon cas, c'est certain, la balance n'est pas à l'équilibre. Un plateau pèse plus lourd que l'autre et, à l'approche du départ, il semble encore s'appesantir. Je sens le fléau pencher dangereusement du côté du renoncement, donc de l'échec. Il n'en faudrait pas beaucoup pour que je décide de tout arrêter. Abandonner serait le choix le plus facile. Balayer d'un geste tout ce qui couvre la table de la cuisine, l'enfouir dans un grand sac que je fourrerais à la cave – entre cette planche de surf jamais chevauchée et cette lunette d'astronomie presque neuve, témoins d'autres projets sans suite, d'autres rêves avortés. Ensuite, j'irais dormir.

Mais au fond de moi, quelque chose résiste et

s'obstine. Ce n'est pas l'amour-propre ni le goût du défi, ce n'est pas le scrupule de tenir une parole que je n'ai donnée à personne ; pas même à moi. Rien ne m'engage, rien ne m'oblige. La force qui m'entraîne ressemble à celle qui tire l'alpiniste au sommet des montagnes ou, plutôt, celle qui pousse le bœuf dans son sillon, bien qu'il ignore le sens de ses efforts et n'ait aucune conscience du but à atteindre. Le bœuf ne sait pas où il va ni ce qu'il fait. Il avance, c'est tout.

Il est minuit et me voici, l'aiguille à la main, en train d'essayer de coudre l'écusson du tour du monde à pied sur un maillot de sport. J'ai commandé le logo à un ami illustrateur, Olivier Latyk, puis j'ai fait broder plusieurs dizaines de cocardes pour orner les bonnets, les sacs et les vêtements des participants.

À commencer par l'espèce de chapeau texan, en toile imperméable, à grands bords rabattables sur la calotte, que je porte moi-même. Un couvre-chef à la fois seyant et robuste, conçu pour abriter du soleil comme de la pluie, et dont je découvrirai à mesure les ressources insoupçonnées : rien de tel pour se rafraîchir, par exemple, que de passer ce chapeau quelques instants sous le jet d'une fontaine, avant de l'asseoir promptement sur la tête. Le chapeau peut servir d'éventail, de panier à récolte, de filet à papillons ou à sauterelles. J'ai lu quelque part qu'en tendant son chapeau à un chien agressif, le creux de la calotte tourné vers l'animal, on l'effarouchait. Le chapeau sera mon interprète auprès des étrangers dont je ne parle pas la langue, car tout le monde comprend le sens d'un chapeau gardé exprès sur la tête, posé sur une table ou tenu à la main ; le geste de se découvrir marque partout le respect, celui de se coiffer est une façon polie d'abréger une conversation. Enfin, le porteur de chapeau jouit d'une contenance certaine, à l'inverse du piéton qui va tête nue – c'est d'autant plus vrai si, comme moi, il a le cheveu rare. Peut-être n'ai-je rien dans mon équipement de plus utile que ce chapeau, pas même mes chaussures qu'il m'arrivera, sur certaines parties du parcours, de délacer pour marcher pieds nus.

La cocarde que j'essaie de coudre représente un homme en marche, porteur d'un sac à dos. Ses pieds ne foulent pas le sol, mais le sillage d'une étoile filante – mêlée à d'autres, fixes, sur le pourtour bleu du décor. Cette queue de comète partage le rond en deux moitiés, où s'inscrivent deux légendes : « Tour du monde à pied » dans la moitié supérieure, « *Round-the-world walk* » dans la moitié inférieure.

Cinq couleurs seulement (bleu clair, bleu foncé, blanc, orange, bordeaux) animent la petite image, fraîche et joyeuse. Malgré le poids sur ses épaules, ce piéton environné d'oiseaux, nez au vent, regard au ciel, semble se promener. On l'entend fredonner sur les chemins du monde. Son insouciance était la mienne, au début de l'année, tandis que j'entamais les préparatifs de ma longue marche et que des camarades, une bonne dizaine parmi une centaine de sympathisants, prévoyaient de m'accompagner. Je les avais réunis lors d'un dîner à Paris et, le temps d'une soirée, j'avais pris le rôle peu familier pour moi de chef d'expédition. Nous avions parlé bivouac, étapes et ravitaillement. Avec cette liberté des grands rêveurs, nous avions promené sur une carte du monde des index fervents : allions-nous cheminer au sud, en suivant comme la plupart des marcheurs un itinéraire oriental par la Turquie, l'Iran et le Turkmenistan, ou bien opterions-nous pour la voie slave, que personne ou presque n'empruntait parce qu'elle est froide et morose, via l'Autriche, la Slovaquie, l'Ukraine, nous élevant graduellement vers le nord ?

Bien sûr, nos projections manquaient de réalisme. Sans doute, nos calculs faisaient bon marché de l'effort, de la sueur, de l'énergie colossale qu'il faudrait déployer pour convertir le survol léger, presque abstrait, de nos doigts sur la feuille de papier en une marche concrète – en traces de semelles imprimées dans la boue. Mais nous avions la foi. Ce soir-là, j'avais confiance que mes convives deviendraient des partenaires d'aventure et, mieux, que nos rangs encore clairsemés allaient s'étoffer au fil des étapes, que la petite compagnie se muerait peu à peu en une foule ambulante, un vaste cortège à pied enjambant les frontières et s'attachant partout de nouvelles recrues.

Hélas, les choses ne se sont pas passées ainsi. C'est même l'inverse qui s'est produit. Au fil des semaines, j'ai assisté impuissant à la dispersion de mon équipe, au prompt éparpillement des candidats dont l'élan se brisait sur l'écueil des obligations familières. Les uns après les autres, invoquant qui le travail, qui les enfants, qui des congés ou d'autres voyages, ils ont renoncé. Ils y mettaient les formes, m'assurant tous, avec ferveur, de leur participation à une prochaine étape, mais leur forfait n'en était pas moins net.

Il n'a pas fallu longtemps pour que ces soustractions successives ramènent l'effectif des marcheurs autour du monde… à zéro. Ou plutôt à un : moi seul. Peut-être, dans le futur, serai-je flanqué d'autres marcheurs, peut-être mêleront-ils leurs foulées aux miennes pour une étape ou deux, mais le premier pas m'appartient. Personne n'est à mes côtés sur la ligne de départ. J'ai fini par le comprendre : le petit bonhomme brodé sur le rond de tissu, l'unique habitant de cette cocarde où des étoiles et des oiseaux lui tiennent compagnie, c'est moi-même.

Décidément, mon travail de couture n'avance pas. L'écusson est épais et mes compétences en la matière, à peu près nulles. L'aiguille perce difficilement le tissu et le fil sort de travers, ce fil d'un bleu superbe dont j'ai acheté toute une bobine dans une mercerie, de quoi médailler tout un régiment. Cela dessine de vilains zigzags à la surface de la broderie, et la cocarde se détache du chapeau. À deux ou trois reprises, agacé, je coupe le fil et recommence. Pourtant, d'autres tâches plus urgentes me réclament. La priorité n'est sûrement pas de coudre l'écusson sur le chapeau, ni non plus de repasser ma chemise et mon pantalon d'étape, autre corvée que j'aborde à plus d'une heure du matin. Il faudrait plutôt étudier les cartes et définir mon itinéraire, celui au moins du premier jour. Je n'ai aucune idée du chemin à suivre, et ne sais pas non plus où passer les nuits à venir.

La raison, le simple bon sens m'enjoignent de regagner mon lit et de remettre à plus tard le Grand Départ ; le différer de quelques jours, le temps de préparer mon sac comme il faut. Le temps aussi d'améliorer ma condition physique, celle d'un sédentaire rivé à son ordinateur. Au lieu de cela, je croque des morceaux de sucre pour rester éveillé.

Il est près de cinq heures du matin quand je dépose mon sac, enfin rempli, dans le couloir de l'entrée. J'ai rangé sur une chaise, dans ma chambre, les vêtements que je porterai le lendemain. Ce sont mes derniers instants de lucidité, que j'emploie à vider mon portefeuille et à trier mon trousseau de clés. Inutile d'emporter mon permis de conduire ou la clé de l'antivol de mon vélo dans cette marche autour du monde. Puis je m'effondre sur le lit et sombre dans un sommeil sans rêve.

Étape 1

De Pampelonne (France) à Lyon (France)

Le train est un omnibus, il dessert toutes les gares et relâche, à chaque arrêt, une pincée de voyageurs sur des quais poivrés de gravillons. Un train qui, sans doute, n'est pas rentable et dont la ligne sera fermée par un prochain plan d'aménagement ferroviaire. J'en ai changé trois fois depuis Bordeaux, et il me semble qu'à chaque correspondance, la locomotive est plus âgée, les rails plus sinueux, le voyage plus cahotant ; plus fournies aussi les branches dont le vent et la vitesse cinglent les wagons, il doit manquer d'argent pour l'entretien de ces voies mineures. Seul ne varie pas le revêtement des banquettes, un skaï infâme, couleur vinaigre ou figue écrasée, qui colle aux fesses ou s'en détache avec un bruit de succion.

J'ai emporté un livre mais l'ai délaissé après quelques pages, le signet tout neuf glissé derrière la couverture. Pas envie non plus de parler aux autres passagers. Alors, le front ventousé à la vitre, les yeux suivant l'ondulation des collines et l'aplat des étangs, je laisse vaguer mes pensées – je les remue plutôt, comme on touille une flaque du bout d'un bâton.

J'entreprends un tour du monde à pied. Par étapes. Un mois de marche dans l'année, tant que mes enfants seront petits, puis trois, quatre ou six mois quand ils auront grandi et toléreront mieux les absences de leur père. J'ai établi des règles strictes : défense d'emprunter aucun véhicule à moteur, obligation de commencer l'étape là où a fini la précédente. Il s'agit d'assurer la continuité de ma progression et l'unité du grand cercle dont je compte, pas à pas, ceindre la Terre aux latitudes tempérées de l'hémisphère nord.

En soi, entreprendre un tour du monde à pied n'a rien qui puisse éveiller l'intérêt, ni susciter l'admiration. D'abord, parce que ce mode de locomotion est naturel aux êtres humains, accessible à tous depuis le plus jeune âge, au contraire du pilotage d'un avion ou d'un voilier, par exemple, qui requièrent un apprentissage spécifique. Ensuite, parce que la conversion chiffrée de cet exploit[1] le met à portée de quiconque. S'il est question seulement de couvrir cette distance, marcher tous les jours un quart d'heure pour se rendre à son travail et en revenir, c'est, à l'âge de la retraite, avoir accompli un tour du monde en intégralité.

1. Un tour du monde à pied à 45 degrés de latitude, selon l'itinéraire le plus direct et en écartant les océans, c'est à peine plus de 20 000 kilomètres.

Enfin, je l'ai observé, un tour du monde à pied n'exerce aucun pouvoir sur les imaginations. Il ne donne pas d'émotions fortes, il ne produit pas d'images spectaculaires. Personne n'envie ceux qui l'entreprennent ni, inversement, ne craint d'être à leur place. Ce n'est pas un exploit sportif, ce n'est pas une première d'alpinisme, ce n'est pas la conquête d'un sommet ou la chevauchée d'une vague géante. C'est juste quelque chose de très long et de très fatigant, auquel des individus aux motivations confuses acceptent de dédier une part appréciable de leur temps.

Qu'y gagneront-ils ? Pas grand-chose, sinon des mollets bien rebondis. L'espace considérable où se déploient les efforts des « tourneurs de monde », les territoires immenses qu'ils s'approprient leur valent peu de reconnaissance. Hors de son pays, la prouesse du Canadien Jean Béliveau, déjà cité, a suscité peu d'écho. Le marcheur, même héroïque, reste un marcheur, c'est-à-dire un homme ou une femme ordinaire qui se meut sur ses jambes, l'égal du quidam en mouvement dans les couloirs du métro ou sur les trottoirs des villes. Seule change l'échelle…

Le piéton, il faut le dire, n'a jamais joui nulle part d'une grande considération. Celui qui va à pied, qui suit et supporte toutes les aspérités d'un terrain, qui, pour franchir une rivière, mouille son bas de pantalon, et pour traverser des buissons, accroche ses manches de maillot, celui-là se range très loin en dessous du cavalier ou, désormais, de l'automobiliste.

Tout en vantant parfois sa force et son endurance, on méprise la nécessité qui, croit-on, le condamne à progresser de la sorte, par de si pauvres moyens. Il place un pied devant l'autre, il remue ses jambes en alternance ; les animaux font-ils autrement ? Son choix de marcher, son goût de la locomotion autonome quand, depuis des millénaires, est domestiqué le cheval et depuis plus d'un siècle inventée l'automobile, constituent un affront au progrès, un désaveu honteux de la faculté humaine à créer des machines pour se mouvoir plus vite, avec plus de confort.

Au Moyen Âge, la « piétaille » désignait les fantassins allant à pied, par opposition aux nobles, montés sur des chevaux. Le terme était péjoratif, et l'est resté aux oreilles de nos contemporains. Quand je longerai des routes en plein soleil, mon gros sac sur les épaules, assourdi par les klaxons, chahuté par le passage des camions, je serai bien conscient d'appartenir à la piétaille moderne. Pourtant, je n'en éprouverai nulle aigreur. Et je laisserai glisser sur moi les regards incrédules, ou perplexes, qu'allume derrière les vitres des autos cette vision d'un homme cheminant seul au bord du goudron.

Il est midi et le train se traîne lamentablement. J'ai usé toutes les distractions du compartiment, jusqu'aux plus infimes que sont la danse du rideau pelucheux de la fenêtre ou l'ébat d'une guêpe captive, la pauvre, de la coulisse entre deux vitres. Tant de fois, de longs rais de soleil ont grandi sur la tablette, ont rapetissé, ont tourné dans un sens ou dans l'autre comme les aiguilles d'une pendule indécise ; ça ne m'amuse plus de les regarder. Et la guêpe tape encore, elle s'énerve dans sa lame d'air surchauffé.

Moi aussi, j'habite ce wagon comme une boîte, et je peste contre le règlement pétochard qui interdit l'ouverture en grand des fenêtres. On ne peut qu'élargir un petit carreau, de quoi se rafraîchir le front, mais pas question d'établir ces vastes courants d'air des voyages en train de mon enfance, souffles immenses qui franchissaient les wagons d'un bout à l'autre, scalpaient les têtes et mettaient dans les robes des filles d'émouvants tourbillons. Ce temps-là est révolu. Maintenant, les fenêtres coincent à peine on les descend. C'est afin, je suppose, de prévenir les accidents.

Là-haut, mon sac à dos ballotte dans le filet à bagages. Faute d'avoir trouvé sa place à l'intérieur, la gourde s'accroche à une sangle par un mousqueton. Elle pend hors du filet et balance au-dessus de ma tête ; l'eau recluse clapote joliment. Sauf cette drôle d'excroissance, le sac est propre, compact et bien fait. La toile dégage une odeur de neuf. On dirait qu'il sort du magasin. Les vêtements sur moi sont dans la même condition, coupés d'ailleurs dans les mêmes tissus, synthétiques, aux teintes vives, si différents des toisons et des peaux d'animaux qui enveloppaient les marcheurs d'autrefois.

Ces quelques lignes inaugurent mon carnet de marche :

« Pour un randonneur, c'est une gêne d'emprunter un bus ou un train avec des habits sales et des chaussures crottées. C'en est une autre, méconnue, de voyager dans une tenue qui n'a pas servi et témoigne par son éclat de la candeur de son propriétaire. Vêtu de la sorte, on ne risque pas d'incommoder les autres passagers. Mais l'on craint d'attirer les regards amusés, ceux qui se posent aussi sur les cyclistes du dimanche et leur panoplie de coureurs professionnels à l'assaut du Tour de France.

Un randonneur n'a droit au respect que s'il a déjà beaucoup marché, beaucoup peiné, l'addition des dénivelés mesurant sa valeur comme, chez le pilote, le nombre d'heures de vol. Cela doit se voir, se palper, éventuellement se sentir. Les lacets effilochés, le zip du sac à dos qui ferme mal, un fond de crasse grisant les plis de la toile – sinon les plis du visage –, enfin l'usure inégale des semelles font la fierté du randonneur. Ils forment son brevet d'entrée dans la communauté des gens qui vont à pied. Or, il n'y a qu'à me regarder pour savoir que je n'ai conquis aucun galon dans l'infanterie des sentiers. »

En descendant du train dans ma tenue propre, avec mon sac que je ne sais pas tenir – comme les habitants du désert, peu rodés aux averses et donc à l'usage du parapluie, serrent le leur par le milieu ou par la pointe –, je me sens gauche et, pour tout dire, assez ridicule.

Une bibliothécaire m'accueille à la gare, qui reçoit avec affabilité ce rouleur de bitume travesti en batteur de poussière. Je range mon sac à dos dans le coffre et m'assieds à l'avant, honteux des francs effluves de plastique qui envahissent aussitôt l'habitacle.

« Alors, vous allez marcher ?

– Oui.

– Tout autour du monde ?

– Je l'espère.

– Et vous partez de Pampelonne ? Ça nous fait plaisir !

– Merci. »

Au contraire du point d'arrivée qui connaît mille fluctuations, et ne marque aucune certitude avant d'être atteint, le point de départ est gravé dans la pierre – dans le granite obtus de la borne kilométrique. Le premier est l'aboutissement d'un itinéraire et, comme tel, dépend des innombrables péripéties, accidents, déviations, tours et détours qui sont le lot du voyage à pied. Le second profite d'une entière liberté, d'une complète autonomie : que je parte d'ici ou d'ailleurs, c'est moi qui décide. Mais alors, il faut bien choisir…

Cette question du point de départ m'a donné de sérieux maux de tête. Des semaines durant, j'ai brassé toutes les hypothèses, examiné toutes les options. J'engageais un tour du monde à pied, par étapes : une aventure dont la réalisation hypothétique occuperait le reste de ma vie. L'origine de cette marche ne pouvait être quelconque. Son choix devait revêtir un sens, incarner un symbole, refléter d'une façon ou d'une autre l'ampleur de cette marche autour du globe.

Voilà pourquoi, dans un premier temps, ma préférence est allée à des lieux que leur histoire, leur situation ou leur rôle politique dotaient d'un relief particulier. Ce pouvait être le centre géographique de l'Europe – mais il est fluctuant, varie avec les frontières de la communauté, est d'ailleurs revendiqué par plusieurs villages, Suchowola en Pologne ou Purnuškis en Lituanie – ce dernier hameau ayant, fort peu sagement, érigé un monument pour affirmer ses prétentions au titre envié. Ce pouvait être aussi Genève, pour sa dimension internationale – mais rien de personnel ne me liait à cette cité. D'autres débuts étaient possibles : le cap occidental de l'Espagne, parce qu'il marque l'extrémité du continent européen ; la pointe orientale du Québec, autre bout du monde qui, d'emblée, dépayserait mes foulées. À l'opposé, j'ai songé à ma propre maison bordelaise. L'idée m'amusait : sortir de chez moi comme pour aller chercher le pain, fermer la porte et m'éloigner…

Longtemps, la décision est restée suspendue. Ce sont les circonstances qui, pour finir, m'ont donné un point de départ et l'impulsion du grand voyage.

Un matin, j'ai reçu un appel d'une bibliothécaire de Pampelonne, un petit village des coteaux d'Albi, dans le sud-ouest de la France, pour me convier à leur manifestation littéraire annuelle, la Fête du Livre et de la Gourmandise. Les auteurs reçoivent couramment ce genre d'invitations qui leur permettent, sur quelques jours, de dédicacer des livres et de rencontrer leurs lecteurs. Malheureusement la date proposée par Pampelonne, début juillet, s'inscrivait dans la période des derniers préparatifs.

J'ai d'abord décliné, expliquant que j'entamais une randonnée et prévoyais de me mettre en route ce dimanche-là. « Qu'à cela ne tienne, on fêtera votre départ ! » a lancé la bibliothécaire. Or, dans l'indécision où je me trouvais, continuant d'hésiter sur l'origine et la direction de mon périple, ces paroles enthousiastes m'adressaient un signe. J'ai répondu « oui ». Le hasard – ou certaine conjoncture mystérieuse, certaine combinaison de faits alors indéchiffrable – avait fixé l'initiale de ma grande aventure.

Depuis, j'ai appris que le petit village de Pampelonne ne m'était pas aussi étranger que je l'avais cru d'abord, lorsque, penché sur une carte de la région, j'explorais ce paysage de collines et de champs cultivés à la recherche de son nom minuscule. Après tout, n'est-ce pas à Pampelonne qu'est né Lucien Fabre, prix Goncourt 1923, à qui son ami Paul Valéry dédia un poème ? Mais surtout, ai-je découvert plus tard, mes ancêtres comptaient un magistrat qui y avait eu des responsabilités, occupant des années durant une charge d'édile au sein du village.

Quand j'ai su cette circonstance, totalement inconnue de moi au début de ma marche, le monde m'est apparu bien petit – une chance, sinon un encouragement, quand on prévoit d'en faire le tour à pied.

Le dimanche quatre juillet 2010

Je signe quelques livres en matinée, puis participe à une causerie autour de mon projet. Une vingtaine de chaises en plastique blanc sont alignées face à une estrade. La plupart sont inoccupées. Cinq personnes, assises au dernier rang, composent tout l'auditoire. Elles m'écoutent poliment évoquer cette marche autour du monde dont je n'ai pas fait le premier mètre. En vérité, je n'ai pas grand-chose à en dire. Face aux questions précises de l'animateur, mes réponses sont fuyantes et embarrassées. C'est que je ne sais rien, ou presque, de l'entreprise dans laquelle je me suis lancé. Mon itinéraire ? Inconnu. Le rythme de ma progression ? Aucune idée.

Au total, ce grand projet dont on me demande de cerner les contours paraît encore très immature. Ce n'est qu'un vague dessein, une intention qui tient en quelques mots : marcher vers le soleil levant, plein est, aussi longtemps que mes jambes me porteront. Un peu court, sans doute, pour séduire les foules… Ça ne suffit pas non plus à garder l'attention de mes cinq auditeurs, qui se lèvent avant la fin.

À la conférence succède un buffet de plein air, au buffet une petite cérémonie, estrade fleurie et discours du conseiller général, au discours une séance photo… Au début de l'après-midi, les quinze kilogrammes de mon sac à dos pèsent pour la première fois sur mes épaules. Des membres du club de randonnée local ont la gentillesse de m'accompagner sur quelques kilomètres, certains ouvrant la marche sur des sentiers qu'ils connaissent bien, d'autres la fermant derrière moi.

Et voici les premiers pas du tour du monde à pied.

À vrai dire, ils ont tout de foulées ordinaires, celles qu'on déroule sans y penser sur un trottoir ou celles, à peine plus attentives, qui entament une promenade digestive d'après déjeuner. Nous suivons un sentier qui sort du village, dévalons une colline, enjambons une rivière, remontons de l'autre côté par un raccourci salissant, à travers des herbes non fauchées qui ploient sous leur propre nombre et le lest de la rosée.

Ça ne se passe pas très bien. Il fait chaud, le soleil brûle ma peau claire, une haleine humide s'exhale de la terre avec des tourbillons de moucherons. Il me semble qu'est rabattu sur moi le couvercle d'un autocuiseur. Si j'étais seul, je m'arrêterais pour refaire mes lacets pas assez serrés, pour régler les bretelles de mon sac à dos.

Mais alors, tout le groupe ferait halte à cause de moi, on me verrait agenouillé en train de ficeler mes chaussures, et j'ai scrupule à afficher ainsi mon défaut de préparation. Quelques sourires, déjà, ont arrondi les joues des randonneurs quand j'ai reconnu marcher sans bâton.

Le pire, ce sont les vêtements que je porte. Ils ne conviennent pas du tout à l'exercice ! Je prévoyais d'en changer avant le départ, mais tout s'est précipité. Entouré des villageois, je n'ai pas osé troquer ma « tenue de ville » (pantalon en toile, tee-shirt épais au col fermé par un zip) contre ma « tenue de marche » (short, débardeur), bien plus commode. Résultat : je transpire abondamment sous la chaleur. À présent, je n'ai qu'une hâte, me trouver seul pour remédier à cette pénible situation.

Le groupe de randonneurs se scinde aux limites de la commune, certains font demi-tour tandis que d'autres montent avec moi à l'assaut d'un nouveau relief. Plus loin, toute la compagnie rebrousse chemin. Il ne reste qu'un marcheur, le plus entraîné, qui me guide à travers champs vers un hameau repéré sur la carte. Quand nous y parvenons, j'empoigne sa main avec reconnaissance. Il me souhaite bonne route. Nous nous séparons, lui retournant au village tandis que j'allonge, dans un état de grande excitation, mes premières foulées solitaires autour du monde.

Tout est neuf, tout est beau, magnifié encore par les rayons obliques du soleil qui poétisent le paysage en tirant doucement vers l'orange, vers le rose incarnat, les tons plus frais de l'herbe et des maisons. Un sentiment de liberté se diffuse dans mes veines, plus grand, plus exalté à mesure que mes jambes consomment plus d'espace, que mes poumons avalent plus de cet air tiède au parfum de fenaison. Une fête rurale bat son plein au coin d'un champ. Une fanfare entoure une buvette en planches, le comptoir poisseux se souvient de dizaines de chopes déjà servies ou répandues. J'y sirote une bière fraîche, au comble de la félicité.

Je passerai ma première nuit dans un camping, rallié au crépuscule. Ce n'est qu'un grand pré clôturé, quelques caravanes aux roues herbeuses, mais il y a une piscine où trempent longtemps mes jambes endolories. À l'arrêt, mon corps que je ne sentais plus, fondu qu'il était dans l'élan de la marche, se ranime peu à peu. Courbatures dans les muscles, tensions entre les omoplates à cause du sac. Une douleur perce dans mes vertèbres, au bas du dos, qui pulse chaque seconde, telle l'ampoule au bout d'une aile d'avion.

Moi qui tout à l'heure lançais de grandes foulées à travers la campagne, c'est à petits pas de convalescent que je rejoins le bar du camping. Des familles d'estivants dînent aux tables voisines, je me sens intrus – seul arrivé à pied, seul dans une tente monoplace, seul célibataire. Le serveur me demande si j'attends quelqu'un et, sur ma réponse négative, soustrait un couvert. Cela aussi me fait un drôle d'effet, comme si l'on tirait d'un coup mon pantalon sur mes chevilles ! L'assiette que j'ai commandée tarde à venir, et je ne sais pas comment remplir ce temps intermédiaire. La journée a passé rapidement, il n'y a pas grand-chose à écrire sur mon carnet de marche. Faute de mieux, je fais provision de brochures touristiques à l'accueil du camp et me plonge dans cette lecture fastidieuse, détaillant chaque attraction des environs (le château Renaissance, le parc aux alligators…) que pourtant je ne visiterai pas.

Dresser ma tente est laborieux. J'ai l'impression d'avoir revêtu un scaphandre tant mes membres pèsent. Le moindre geste plante des aiguilles brûlantes dans mes articulations. En plus la tente est neuve, je ne sais pas la monter. J'étudie la notice à la lueur de ma lampe frontale, pour enfin venir à bout de ce méli-mélo de toile et d'aluminium.

Vais-je tenir le coup ? C'est sûr, je suis mal préparé. Ces derniers mois, je m'étais promis de marcher tous les dimanches et chaque jour, au moins une heure, mais le courage m'a manqué. Ma condition physique est déplorable et, qui plus est, j'aborde cette randonnée affligé d'un surpoids conséquent. Certes, le gras qui épaissit mes cuisses et arrondit mes hanches finira par fondre. Mais il faudra supporter jusque-là les inconvénients d'une silhouette étoffée : les foulées qui pèsent, le souffle ras, les suées abondantes et, pis que tout, ces irritations cuisantes là où frotte le tissu. Après chaque douche, je devrai m'enduire l'entrejambe, les tétons et le dessous des bras d'une bonne ration d'huile d'amande douce, seul moyen d'éclaircir ces rougeurs qui me mettent au supplice.

Première nuit sous la tente. À peine ai-je baissé les paupières que le sommeil m'emporte, ou devrais-je dire me happe, pour mieux rendre la soudaineté du phénomène. Tant mieux, car le tapis de sol trop mince laisse percer un caillou sous ma hanche ; des sardines mal plantées sont sorties de terre et font s'avachir la toile ; une odeur de pieds flotte sous mon abri où j'ai commis l'erreur de rentrer mes chaussures…

Décidément, j'ai tout à apprendre. Ce n'est pas du jour au lendemain qu'on s'improvise marcheur au long cours.

Je sais qu'avant de rallier un sentier de grande randonnée, le GR 62 du côté de Flavin, il faudra progresser sur l'asphalte : une voie très fréquentée partie de Rodez, à suivre pendant quarante-cinq kilomètres, et donc à partager sur cette distance avec le flot des véhicules de tous gabarits dont les passagers vont au travail, en reviennent, partent en vacances, se promènent… Je redoute cette petite épreuve, et j'ai raison.

La seule façon d'avancer cinq heures durant le long d'une nationale, c'est de rabattre son chapeau sur les yeux et d'attacher son regard à la pointe de ses souliers. S'enfermer en soi-même, s'hypnotiser par le va-et-vient des chaussures comme d'autres le font avec le balancement d'un pendule : voilà qui aide à supporter les agressions, constantes et dangereuses, de la chevauchée motorisée contre le piéton. Je regrette de n'avoir pas emporté d'écouteurs pour, mieux encore, pouvoir m'isoler de tout.

Dans mon carnet :

> « Partout où l'automobile est répandue, le marcheur devient gênant, sinon suspect, objet au mieux de tolérance. Il n'y a qu'à voir l'étroitesse de la bande de bitume qui lui est assignée, sur les grands axes routiers. En dehors des villes aux larges trottoirs, pas de voie piétonne, ou d'une vingtaine de centimètres seulement : l'espace très insuffisant qui sépare la ligne blanche du précipice, ou de la barrière de sécurité. Combien de fois, contraint d'avancer sur une route, n'ai-je pas risqué ma vie, parce que l'ingénieur qui l'avait tracée avait oublié l'existence du bipède, et négligé la simple éventualité que s'y aventurât un homme ou une femme allant à pied ? »

Sur le bord de la route, dans un gravier noir et salissant, des papillons morts, des charognes, des insectes écrasés, des paquets de cigarettes vides, des canettes aplaties, des éclats de phares, des boulons, des mouchoirs chiffonnés, des préservatifs et, aussi fréquents qu'inattendus, des sigles automobiles détachés des calandres, comme si les voitures tombaient en pièces. Je tressaille à l'aspect sinueux d'un cobra… en plastique.

Le passage des camions soulève un vent chaud et poussiéreux qui me déporte vers le fossé.

Au contraire du chemin qui offre, à chaque pas, de nouveaux points de vue, la route est longue et monotone. Une règle unique a présidé à son aménagement : maintenir la vitesse des voitures, ce qui exclut les virages trop serrés (un rayon de courbure supérieur à deux cent cinquante mètres) et les montées trop raides, formant dans l'autre sens des descentes trop rapides (une inclinaison maximum de six pour cent). Le confort de l'automobiliste est ainsi assuré. Il voyage d'un bout à l'autre du pays sans presque agir sur son volant.

Pour le piéton, c'est différent. Sur la même route, l'homme ou la femme à pied subit d'interminables lignes droites, des virages qui s'amorcent sur des centaines de mètres et se dénouent aussi très mollement. Combien de fois n'ai-je pas maudit ma lenteur, à la vue des panneaux qui signalaient l'approche d'une voie ferrée ou d'une intersection ? Les voir défiler de loin en loin – « Cédez le passage » dans 300 mètres, dans 150 mètres, dans 50 mètres… – mettait, je l'avoue, mes nerfs à rude épreuve.

Le temps du marcheur n'est pas le temps de l'automobiliste. Hélas, depuis que les voitures ont confisqué à leur usage brutal les sentiers d'autrefois, c'est le second (rapide, nerveux, fuyant) qui règle la cadence des déplacements humains. Naguère, le pas de l'homme ou des bêtes modelait les paysages. Ils s'inspirent aujourd'hui du roulement des machines, lancées à pleine vitesse.

La campagne s'est montrée hospitalière aux véhicules à moteur. Mais, bien sûr, c'est en ville, d'abord à leur périphérie, qu'on sent le mieux l'emprise des autos sur notre quotidien. Je me ravitaille à Baraqueville. Mon sac à dos suscite la perplexité des vigiles de la grande surface. Me laisseront-ils entrer avec cette grosse hotte, pleine de poches où fourrer la marchandise volée ? Ou préféreront-ils que je la laisse dehors, avec la bombe cachée à l'intérieur ? Un moment plus tard, je sors pacifiquement du magasin, un sac de fruits dans les bras, au visible soulagement des gardiens.

Traversant à pied les banlieues, le marcheur n'est pas à son aise. Il se sent comme une créature minuscule, portée par de trop courtes jambes. Rien ici n'est à ses dimensions. Quinze minutes pour atteindre le supermarché qui pourtant semble tout près, cinq minutes pour longer l'immense aire de stationnement, dix minutes encore pour se dépêtrer des bretelles d'accès et autres ronds-points qui le précèdent et qui le suivent.

Une camionnette de police stoppe à ma hauteur, le conducteur me dévisage. Par chance, mon sac est neuf, ma peau n'a pas encore pris le soleil ; je jette proprement dans une poubelle ma bouteille de yaourt vide. Tout va bien, j'ai mon certificat de probité. Le véhicule bleu me dépasse et s'éloigne.

Difficile, en France, de suivre les grandes voies de

circulation sans songer à la laideur, à l'irréparable laideur du monde que nous avons bâti. Les entrées et les sorties des agglomérations ont longtemps concentré les nuisances. Puis, au gré de l'étalement urbain, les hangars commerciaux en tôle ondulée ont traîné jusqu'au milieu des champs leur chapelet de pancartes et d'enseignes publicitaires. C'est la grimace familière des « zones de chalandise ». C'est l'abomination des lotissements bon marché, avec leurs pavillons en croûte de plâtre barbouillés de rose ou de blanc, décorés absurdement de moulages faux antiques et de pergolas achetées en jardineries. Ce sont les rocades infernales, les creux pelés des aires d'autoroutes que viennent coloniser, héroïques à mes yeux, des arbustes sans feuilles et des légions de rats.

Le long de ces grands axes, les villages sont à peine plus présentables. Une malédiction les frappe : l'uniformité. Il suffit d'en voir un pour tous les regarder. Leurs grandes places vides, leurs églises désertes – et d'ailleurs, verrouillées à toute heure –, leurs monuments aux morts étoffés de bouquets qui sèchent sous le plastique. Devant la mairie, un parvis de galets plats, glissants sous la pluie ; des réverbères qui supportent d'inodores pots de géraniums au bout de chaînettes peintes…

La vitesse est limitée dans tout le centre-ville, si sèchement limitée, parfois, qu'en allongeant le pas je me mettrais en infraction. C'est une mode : les municipalités investissent dans la sécurité routière, à croire qu'il y avait péril mortel à marcher dans les rues avant l'installation des chicanes, dos d'âne, panneaux clignotants et autres passages piétons suréclairés.

Les villages ont des prétentions esthétiques, que tâche d'exaucer l'architecture contemporaine. Ou bien, si l'argent manque pour construire une médiathèque aux allures d'aéronef, on fera un rond-point. Il y aurait un livre à écrire sur le rond-point, dernier colifichet de l'aménagement urbain, totem idiot de la civilisation automobile. Large, imposante, bien en vue de tous les visiteurs, cette stupide motte de terre giratoire offre un espace à l'expression du génie municipal et à la créativité souvent malencontreuse des édiles. Sur le renflement central trône une barrique ou une machine agricole, une colonne tronquée ou un chalet miniature, une crèche, un jardin japonais ; absurde saynète qu'encerclent, dès la tombée du jour, les feux de projecteurs surpuissants.

Pas plus, pourtant, les ronds-points paysagés que les médiathèques de verre et d'aluminium, pas plus un joli panorama de montagnes qu'un classement honorable au concours des villages fleuris, ne sauvent ces petites communes de la solitude et de l'ennui. Les automobilistes qui roulent au travers, sur le fond musical de leur autoradio, n'en connaissent rien. Il faut les aborder à pied, plutôt vers midi ou au crépuscule, pour ressentir l'engourdissement de nos provinces.

Je garde un souvenir amer de la quatrième nuit de mon périple. Arrivé vers vingt heures dans une bourgade des environs de Rodez, je me mets en quête d'un hébergement. J'erre longtemps dans les rues, sage alignement de maisons assez cossues avec jardin, barbecue maçonné, double garage ; les grilles sont cadenassées, les chiens aboient. Habitat moderne : juxtaposition de cellules autonomes, chacun vit chez soi. Des regards méfiants me suivent d'un bout à l'autre de la propriété. Effet de l'heure tardive, je sens que j'ai déchu du statut de randonneur à celui de vagabond.

Bientôt, il faut me rendre à l'évidence : je ne trouverai ici ni camping, ni pension. Un commerce, alors ? Un café où commander une bière, une boulangerie où acheter le dernier pain du présentoir ? Pas la moindre devanture. Au moins une fontaine, pour me désaltérer de douze heures de marche ? Nulle part, la voirie n'en a prévu.

Je le vérifierai souvent : fontaines d'eau potable, bancs et boîtes aux lettres sont trois éléments du mobilier urbain en voie de raréfaction. Sans doute les communes voient-elles dans leur installation et leur entretien une dépense superflue. Ils s'absentent peu à peu de nos rues, à l'insu des habitants qui ne remarquent rien – jusqu'au moment où les prend l'envie de s'asseoir, où ils doivent poster un courrier urgent.

La nuit tombe. En hâte, je plante ma tente dans un square. Pas n'importe où : au centre du village, au point focal des regards et des attentions. Est-ce pour blâmer les riverains de leur peu d'hospitalité ? En vérité, c'est simplement que cette pelouse – un parallélépipède de dix mètres sur trois planté de buissons – est le seul espace vert de la commune ; le seul, en tout cas, que n'enserre pas la clôture d'une propriété. Des gens du voyage ont fait le même constat : ils ont parqué leur caravane tout près de ma tente.

Un square au beau milieu d'un lotissement, ce n'est pas le site idéal pour trouver le calme. Comble de malchance, des jeunes ne tardent pas à s'installer sous le kiosque voisin. La musique d'un transistor joue jusqu'à l'aube. À six heures, je suis debout, car une longue étape m'attend. Je n'ai pas pris de douche mais déniche, à l'arrière d'une école, un robinet fonctionnel qui doit servir au jardinier. Un vieux routard me conseillera les cimetières où, en effet, on trouve toujours de l'eau : les fleurs sur les tombes ont besoin d'être arrosées.

Ne pas s'attarder. Ma serviette encore humide attachée par deux pinces à l'arrière du sac à dos, je me mets en chemin. Journée de purgatoire… Engourdi de sommeil, je fais deux chutes ; une vipère fuit entre mes jambes ; je m'égare à cause d'une carte imprécise et surtout, ma petite gourde d'un litre s'assèche régulièrement.

C'est une gourde en métal d'un modèle un peu désuet, oblongue, la taille cintrée pour affermir sa prise en main. Ses parois cabossées, le goût de limaille qu'elle donne à n'importe quelle boisson, le dépôt gris au fond qu'on voit en collant son œil au goulot, je l'aime pour cela. Cette gourde me fait souvenir des randonnées héroïques de mon enfance, quand les chaussures en cuir épais durcissaient dans l'eau rétive des torrents ; quand le sac à dos s'appelait « sac tyrolien » et fermait par des lanières de peau, fines et pelucheuses comme des langues de lézard ; quand j'emportais partout un piolet d'escalade qui ne servit jamais mais me prêtait dans la traversée des névés – ces champs de neige pentus qu'il faut franchir avec prudence – une assurance de jeune isard. Une bonne gourde, oui. Mais l'anneau de caoutchouc du col fuit un peu. Dès la seconde étape, je la troquerai sans regret pour deux bidons en aluminium.

Depuis trois jours, une canicule record sévit sur la France. Les quarante-trois degrés, paraît-il, sont atteints en plaine. J'ignore à quelle température se liquéfie le revêtement des voies automobiles mais témoigne qu'une pâte noire, collante et sale, adhère à mes semelles quand je marche sur le goudron. Tous les dix pas, je dois essuyer mes pieds sur l'herbe en m'aidant parfois d'un bâtonnet pour curer l'intérieur des crampons.

Le plus terrible est la soif. Vers la fin de la matinée, des fourrés plus denses, d'un vert aussi plus sombre, puis l'anfractuosité moussue d'un bloc de rocher me dévoilent une source à ras de terre. Je n'y bois qu'une gorgée, car des crottes de moutons semées alentour m'incitent à la méfiance. C'est un tort. Trois heures plus tard, pataugeant dans le caoutchouc bouillant d'une route sans ombre, je maudis mon imprévoyance. Ce paysage champêtre qui m'environne et qui, pour une bonne part, doit sa luxuriance à l'eau n'en cède pas une goutte. Au creux des fossés, la terre est poudreuse et crevassée, avec des taches d'humidité comme d'une maladie. Dans les rares villages, les bars sont fermés, les fontaines à sec ou flanquées d'un écriteau peu engageant : « Eau non potable ». Quelle malédiction me poursuit ?

L'après-midi est bien avancée, je n'ai toujours pas bu. Dans ma bouche, la langue enflée de sécheresse me donne l'impression d'y loger un parasite étranger, quelque énorme ver impossible à avaler ni à extraire. D'ailleurs, tout mon corps souffre de la pénurie de boisson. Mes articulations grincent, elles manquent du lubrifiant vital. Je dois faire une pause tous les deux cents mètres pour soulager mon dos à la torture. C'est ça, le tour du monde à pied ?

Je dois avoir l'air pitoyable, car une dame dont je longe le jardin, à l'entrée d'un hameau, m'offre charitablement à boire. Elle m'apporte un verre plein que j'assèche aussitôt, puis un deuxième, un troisième consommés tout aussi vite. J'articule un « merci » qui se noie dans les glouglous. Ce moment d'ineffable volupté se fixe dans ma mémoire avec tous ses détails, le vrombissement des abeilles qui butinent un massif de lavande, le toucher brûlant du fer de la grille sous mes doigts, le regard limpide de ma bienfaitrice dont le passe-temps favori, me confie-t-elle, est de scruter les insectes du jardin à travers une loupe de papeterie. Merci, Marie-Jeanne. Ce n'est qu'à la nuit tombée que j'atteins le village de Saint-Côme-d'Olt et m'accorde une douche interminable pour m'hydrater encore, suivie d'un copieux plat de pâtes à la terrasse d'un café.

La France est en Europe l'un des pays les mieux pourvus en chemins de randonnée. Ceux qui franchissent les massifs montagneux ou certains parcs naturels sont les plus fréquentés. Le randonneur y trouve toutes les commodités souhaitables : un hébergement fourni et bon marché, un balisage efficace, un ravitaillement aisé. De plus, la population y possède une « culture de la marche » qui évite certains désagréments au voyageur à pied. Pas de risque, ici, qu'on le prenne pour un traîne-savates.

Parmi ces sentiers populaires, ceux qui s'inscrivent dans le vaste réseau des chemins de Compostelle jouissent d'un statut avantageux. Les quelque deux cent mille pèlerins ou assimilés qui arpentent chaque année la *via Podiensis* ou route du Puy, voie majeure du pèlerinage français, sont les marcheurs les plus choyés de l'Hexagone. Tout est fait pour eux, le long des centaines de kilomètres qui relient le Puy-en-Velay, préfecture de la Haute-Loire, à la frontière espagnole.

Ainsi le tronçon de la *via Podiensis* (ou GR 65) que j'ai parcouru à rebours, de Saint-Côme-d'Olt au hameau des Sétoux, trois étapes au-delà du Puy-en-Velay, a-t-il été le plus confortable de mon périple.

C'est au point que m'ont paru superflus les « jours de relâche » d'abord inclus dans mon programme, dont je ne sentais plus le besoin et qui, au contraire, ralentissaient ma progression. Les heures sont lentes à la terrasse des cafés... La visite du village et des petits musées locaux, la lecture exhaustive du journal – jusqu'aux pages sportives qu'habituellement je délaisse –, l'écriture des cartes postales, tout cela mis bout à bout ne fait pas une journée. Aux longues séances de marche coupées d'un dimanche de repos, j'en suis venu à préférer les départs de bon matin, dès le lever du soleil : ils permettent d'arriver à l'étape en début d'après-midi, sieste et pique-nique compris. Une demi-journée pour me détendre, c'est bien plus qu'il n'en faut.

Avant de partir, j'appréhendais de marcher tout un mois. Je n'avais jamais pratiqué d'activité physique sur une telle durée : comment réagirait mon organisme ? On a beau habiter son corps depuis des décennies, lui avoir demandé parfois des efforts soutenus, il vous reste en partie étranger. Des circonstances se présentent qui sont tout à fait neuves, même pour l'homme ou la femme de quarante ans !

Par exemple, sujet naguère au mal de dos, les vertèbres fusillées si je me risquais à soulever le moindre carton, je redoutais de me charger d'un sac : n'allais-je pas souffrir le martyre, en supportant ce poids additionnel sur les épaules ? Même question pour mes genoux, menacés de raideurs paralysantes, pour mes talons que guettaient les ampoules – tous les marcheurs ont assisté, le matin dans les gîtes d'étape, à ces pénibles séances de soins des pieds, randonneurs grimaçants qui superposent pansements et compresses sur leurs orteils saignants, tout en délibérant s'il vaut mieux percer la cloque avec une aiguille, ou la laisser mûrir et sécher ?

Mes craintes étaient rationnelles, étayées d'arguments médicaux. Elles n'en ont pas moins faibli, au fil des jours, quand j'ai constaté les bienfaits de la marche, ses effets prodigieux sur ma condition physique et sur mon équilibre général. Plus j'avançais, mieux je croyais me porter. Le mal de dos ? Oublié ! La rigidité des articulations ? Effacée ! J'ai même été dispensé des ampoules, hantise familière des gens qui vont à pied. Quelle bonne idée d'avoir choisi des chaussures de trail, conçues à l'origine pour la course tout-terrain mais qui, j'en ai la preuve, conviennent à tous les sols et à tous les efforts ! Leur semelle souple, leur tige basse soulagent les pieds qu'une majorité de randonneurs, mal conseillés, enferment inutilement dans des chaussures de montagne.

J'ai conclu l'itinéraire avec deux jours d'avance, mais j'aurais pu le boucler une semaine plus tôt si les réservations prises dans de nombreux gîtes, parfois en versant des arrhes, ne m'avaient interdit de sauter des étapes. Les vingt ou vingt-cinq kilomètres de marche quotidienne se sont révélés trop courts ; c'est plutôt trente, voire trente-cinq, que j'aurais voulu abattre chaque jour. Je me rappelle ce jeune Allemand rencontré dans le village de Saugues, venu de son pays à pied malgré la femme et les deux enfants qu'il y laissait, et qui, infatigable, couvrait quarante kilomètres par jour avec un sac de vingt kilogrammes, tout en bivouaquant dehors ! Rappelons que les pèlerins médiévaux marchaient la même distance moyenne, dans les conditions qu'on imagine… Moi-même, après quelques années, j'en viendrai à allonger, presque à doubler mes kilométrages sans que mes forces soient entamées.

Mes vraies limites, finirais-je par comprendre, ne sont pas intérieures ni personnelles. Ce n'est pas la fatigue qui m'arrête à la fin de chaque journée, ce ne sont pas les tensions musculaires ou l'essoufflement car, à ces difficultés passagères, des pauses de quinze minutes portent remède. Non, ce qui fige mon pas et suspend le compte des kilomètres, c'est banalement… la nuit. Si j'évoluais aux latitudes polaires, dans l'éclat sans fin du solstice d'été, peut-être cheminerais-je des jours durant !

En commençant cette marche, je n'imaginais pas quel profit physique et moral j'allais en retirer. Après deux semaines, je me sentais en pleine forme ; après quatre, j'étais un surhomme qui arpentait la campagne à grandes foulées, dans un état d'exaltation difficile à rendre, chantant à tue-tête, possédé d'un amour inouï pour la nature, pour le vivant, dont m'entouraient des manifestations si généreuses.

Mon carnet se remplissait d'observations sur les bêtes, même les plus menues, auxquelles je ne prêtais d'ordinaire qu'une attention distraite mais qui, depuis l'étrange effloraison de tous mes sens, m'étaient restituées dans tout leur détail et toute leur beauté :

> « Grosse libellule blessée qui cliquette dans les buissons comme un jouet mécanique. »
>
> « Un poteau réfléchissant, le long de la route, couvert de dizaines d'escargots miniatures. »
>
> « Au coucher du soleil, étrange ballet d'insectes autour d'un petit arbre fleuri. Des couples de ces grosses bestioles chutent dans l'herbe et sur la tente. Je m'attends, le matin, à ce que le sol en soit jonché, mais il n'y a plus rien. »

Cet état d'esprit s'apparentait bien, je crois, au bonheur. Plus j'approfondissais ce sentiment, plus s'aiguisait au contraire mon aversion de la ville, de la route goudronnée, de la civilisation moderne et de l'existence que j'y menais moi-même, citadin depuis l'enfance. Je n'éprouvais aucun besoin de relever ma messagerie électronique, laissée au repos plus d'un mois. La traversée d'une grosse bourgade, après dix jours passés dans la nature, constituait une épreuve. Je n'avais qu'une hâte : sortir de là, éloigner au plus tôt ces constructions hideuses, ces bâtisses étouffantes créées par l'homme pour son propre malheur.

Le seul désagrément de ce tronçon compostélien a été la solitude. Il me manquait un peu de compagnie :

quelqu'un avec qui partager ces émotions si fortes qu'elles auraient pu, par moments, me mettre les larmes aux yeux. En préparant mon itinéraire, je n'avais pas mesuré combien me serait dommageable le fait de l'emprunter à rebours, à contresens des milliers de pèlerins partis du Puy-en-Velay pour l'Espagne. La journée durant, je saluais des gens marchant dans le sens opposé au mien et qui parfois, charitablement, me signalaient mon erreur : « Saint-Jacques, c'est par là ! »

Arrivé à l'étape, si je sympathisais avec tel ou telle, je savais qu'il me faudrait prendre congé de lui ou d'elle le lendemain. À cette triste règle, une exception : Claire, une jeune femme rencontrée à Aubrac. Parce qu'elle progressait dans le même sens que moi, elle m'a accompagné trois jours durant. Pour l'essentiel, cependant, j'ai marché seul, pris mes repas seul, occupé seul mes soirées d'étapes. Et, dussé-je combattre ici l'une des idées les mieux reçues sur le voyage, je n'ai trouvé dans cette solitude imposée aucun agrément, ni le moindre épanouissement personnel. J'étais plutôt, à l'égal des « pauvres morts » de Charles Baudelaire, « dévor[é] de noires songeries, sans compagnon de lit, sans bonnes causeries » et, à certains moments, m'ennuyant ferme… La contemplation de la nature, la lecture de livres empruntés dans les gîtes m'offraient alors un utile réconfort.

Mais que serait une marche souriante de bout en bout ? Une marche sans faille, sans peine, sans sueur et sans errements ? L'aventure à pied est-elle autre chose, d'ailleurs, qu'un trébuchement perpétuel dont le brave marcheur se relève ?

Dans mon carnet :

« C'est bien cela, la marche, sur un plan physique. Mettre un pied devant l'autre ? Non, tomber, se rattraper, choir encore, deux à trois fois par seconde. Regardez le film au ralenti d'un marcheur. Dans le processus du pas intervient cet instant d'extrême péril où, un pied en l'air, l'autre appuyé au sol seulement par la pointe, le marcheur menace de perdre l'équilibre. Mais non : le pied suspendu retombe, il touche terre, le marcheur est sauvé !

D'ailleurs, un pas est fait.

Les satellites qui gravitent autour de la Terre, ai-je appris dernièrement, ne sont pas comme l'on croit suspendus dans l'espace. Ils sont en chute, mais très lente, de sorte qu'ils paraissent voler. C'est un peu aussi la situation du marcheur, qu'on l'examine de près (la mécanique du pas) ou de plus loin (la poursuite sur des mois, des années d'une marche longue distance).

On pense qu'il avance tout droit, d'une foulée régulière, trait de feutre sur la carte ou ligne de pixels sur l'écran qui mesure le chemin parcouru. En réalité, le marcheur ne cesse de tomber, sans que ses genoux jamais frottent le sol. Il ne cesse non plus de rebondir et, autant qu'il a d'affaissements, il a de sursauts, d'envolées, de sommets. Dix fois par jour, peut-être, et mille fois au cours de l'étape, je balance de l'affliction la plus noire à la joie la plus claire – le plus souvent, sans motif. »

Une fois bouclé le tronçon compostélien, j'ai marché encore une semaine en direction de Lyon, sur des sentiers anonymes et peu fréquentés. Il s'agissait de GR, pourtant, mais l'on n'y rencontrait personne. Les villages ressemblaient à ceux traversés au début de mon parcours : pas un commerce, pas un point d'eau, nul endroit où loger. Il m'est arrivé souvent de jeûner et de planter ma tente dans la nature, faute d'avoir trouvé la moindre commodité sur mon passage. Sinon, je me résignais à louer une chambre à l'hôtel, à dîner au restaurant, mais c'était cher. En outre, le beau temps dont j'avais joui constamment depuis mon départ laissait place à un ciel couvert qui m'obligea, une ou deux fois, à vêtir mon imperméable. Cela m'incita à presser l'allure.

Parti le quatre juillet de Pampelonne (Tarn), j'atteignis Lyon (Rhône) le vingt-sept, au terme d'une marche d'environ cinq cents kilomètres. Après une douche bienvenue, une bonne nuit de sommeil, j'ai ressenti un profond regret d'avoir touché au but. Je n'avais qu'une hâte : repartir.

S'il fallait tirer la leçon de cette étape inaugurale, elle excéderait de beaucoup l'enseignement d'une randonnée ordinaire, lequel tient habituellement aux vertus – réelles – de l'exercice physique. J'ai découvert que j'étais profondément marcheur, qu'il y avait là tout un monde à explorer et que ma vie, désormais, serait en mouvement.

Étape 2

De Lyon (France) à Albertville (France)

Quand j'évoque mon projet de tour du monde à pied, la question du *pourquoi* m'est régulièrement adressée, comme si l'énoncé en était trop sec, ou incomplet. On me demande dans quel but j'entame cette longue marche, si, par exemple, j'entends défendre une cause et laquelle. Il faudrait marcher pour la paix dans le monde, contre la torture, afin de promouvoir ceci ou de blâmer cela. Si je réponds la vérité – mon tour du monde n'a aucune finalité, sinon pour moi d'en venir à bout –, cela choque, cela déplaît.

Certes, chacun veut bien en convenir, dénoncer la guerre avec ses pieds n'a pas la moindre utilité. Je ne sache pas qu'un soldat ait lâché son fusil, en apprenant qu'un quidam marchait pour la concorde universelle ! Mais le symbole importe, l'intention compte : on me reproche de marcher pour rien.

Il n'en a pas toujours été ainsi. Au début du projet, j'ai tâché de mettre par écrit les raisons qui m'envoyaient sur les sentiers du monde. Ce texte est devenu l'introduction bilingue d'un site Internet. Il affiche une ambition, délaissée depuis, celle de diffuser l'esprit de la marche par des interventions faites en chemin :

> « C'est le défi d'un tour du monde à pied, à la fois simple et audacieux, que choisissent de relever des marcheurs d'âges différents et d'expériences variées. Ils viennent de plusieurs pays, parlent diverses langues. Ils parcourent une seule étape ou bouclent le voyage. Rien ne les unit, sinon l'élan et le goût de marcher.
>
> Pourtant, leurs efforts ont un sens : ils ne marchent pas en vain, mais pour confronter leur culture et leur savoir à ceux des peuples qu'ils rencontrent. En chemin, ils donnent des conférences sur des thèmes touchant à l'universalité, participent à des rencontres dans des lieux dédiés au savoir (universités, bibliothèques, écoles, centres culturels, etc.). Ils ravivent ainsi une tradition ancienne, celle des lettrés nomades et des moines errants – les *unsui* japonais – qui voyageaient à pied pour élargir leur connaissance du monde et de l'humanité.
>
> Ce périple du savoir revêt une grande portée symbolique, politique voire spirituelle. Aller lentement, quand tout va vite ; aller à pied, quand roulent tant de voitures ; prendre le temps de la parole et de la réflexion, quand le pouvoir est donné aux images : tel est le message que délivrent, par leur exemple, ces marcheurs autour du monde. »

Cette dimension du projet a été abandonnée. Programmer des interventions au cours du voyage demandait trop d'organisation. Il aurait fallu solliciter, des mois en amont, les centres culturels ou les Alliances françaises susceptibles d'accueillir les conférenciers. Il aurait fallu, surtout, assurer ces structures de notre présence, au jour et à l'heure convenus, quand déjà je trouve difficile d'honorer des échéances plus simples – par exemple, les réservations de logements du matin pour le soir.

Un autre aspect du projet me tenait à cœur : la marche à plusieurs, la progression en équipe. Cette conception se rattache à mon histoire personnelle. À l'âge de treize ans, lauréat d'un concours national, j'ai intégré comme dessinateur un groupe de jeunes reporters chargés d'enquêter sur les jouets du monde. Un mois durant, la Route des jouets a sillonné l'Europe du Sud, à la rencontre de communautés italiennes, portugaises ou espagnoles perpétuant une tradition locale de confection de jouets artisanaux.

Vécue très jeune, cette aventure m'a influencé à plus d'un titre : comme voyageur, d'abord, puisque je n'ai cessé depuis de courir la planète ; comme artiste, ensuite, en me donnant le goût de la création ambulante, la volonté d'assortir mes écrits aux pays traversés et à mon propre sillage sur ces terres étrangères.

C'est l'origine d'une association dédiée au voyage artistique, Jeunes artistes du monde, que j'ai fondée autour de la vingtaine et animée quelques années. C'est l'esprit aussi de mon tour du monde à pied, lequel n'est pas une marche solitaire mais un effort collectif, ouvert à d'autres participations ; lequel possède une vocation artistique implicite, à travers, notamment, des restitutions littéraires et photographiques.

Au terme de la première étape, il m'est apparu clairement que je devais mêler mes pas à d'autres marcheurs, ou marcheuses, et que l'aventure ne pourrait longtemps se conjuguer au singulier.

J'ai commencé à fréquenter sur Internet des forums de randonneurs, participant à toutes les discussions qui entouraient, de près ou de loin, le thème du tour du monde à pied. C'est ainsi que j'ai fait la connaissance de Rémi, devenu un fidèle compagnon de marche. Nous n'avons échangé que quelques mots en ligne, mais les affinités semblaient assez nettes, et nos visions du projet assez convergentes pour tenter d'accomplir ensemble la deuxième étape.

En vérité, au moment où Rémi s'est dit prêt à me suivre, les préparatifs de celle-ci étaient déjà bien avancés. Je n'en avais pas fait une grande publicité autour de moi, car il s'agissait d'une étape de jonction Lyon-les Alpes, plus courte (dix jours seulement), plus exposée (se déroulant au printemps, en montagne), et donc plus incertaine : sentiers de randonnée absents sur la plus grande longueur du parcours, météo aléatoire, présence possible de neige en altitude…

Ces difficultés prévisibles, je n'ai pas voulu les voiler à Rémi. C'est avec réalisme, en forçant même un peu le trait, que j'ai décrit la rude marche qui nous attendait, à travers une grande plaine préalpine que j'imaginais monotone et très urbanisée. Ça ne l'a pas dissuadé. Dans nos correspondances d'alors s'illustrait un trait de son caractère qui me deviendrait familier et qui, certes, constitue un atout dans une aventure comme la nôtre : la faculté de se décider vite et au dernier instant – autrement dit, une grande aptitude à l'improvisation.

Cette conversation s'est tenue moins d'une semaine avant le départ :

« Tu veux m'accompagner ? D'accord, Rémi, mais je prends l'avion dans quatre jours. Où habites-tu ?

– Du côté de Toulouse.

– Mon billet est déjà réservé. Si tu veux m'accompagner, il faut que tu me rejoignes à Lyon ! C'est là qu'a fini la première étape.

– Ça me va.

– Rendez-vous samedi matin, huit heures trente, sur le parvis de la cathédrale Saint-Jean. Si tu n'es pas là, malheureusement, je ne pourrai pas t'attendre. Une longue marche m'attend, le premier jour.

– Très bien. J'y serai. »

Je note le rendez-vous, sans trop y croire. Et, le vendredi, je me présente à l'aéroport chargé du même sac à dos, armé du même bâton qu'un an plus tôt. L'embarquement de cet accessoire, d'ailleurs, ne va pas sans complication : long, massif, pointu, l'objet inquiète légitimement l'agent préposé aux bagages. On me laisse quand même monter dans l'avion.

Le lendemain, Rémi est là. Venu exprès en voiture de Haute-Garonne, il m'attend dans un café au jour, à l'heure et au lieu convenus. C'est en lui serrant la main que je mesure mon audace : donner rendez-vous à un parfait inconnu, dont je n'ai pas même vu une photo, et l'enrôler dans une marche de plusieurs jours dont l'itinéraire et la direction sont à peine mieux fixés !

Toutefois, cette rencontre impromptue est bien dans l'esprit de mon projet, tel que je l'ai conçu et le réalise. Les voyages les plus féconds ne sont pas selon moi les mieux préparés. Il n'y aurait aucun intérêt à suivre un itinéraire balisé, dont les conseils d'un guide ou, pire, les services d'une agence touristique, écarteraient par avance les dangers et les imprévus.

Au contraire, plus j'avancerai dans mon périple, moins je voudrai l'anticiper : dès la deuxième étape, par exemple, j'abandonnerai toute idée de réserver ou même de situer mon hébergement du soir, si rare et convoité soit-il sur certaines sections du parcours. Pas davantage, je ne ferai l'effort de m'initier à la langue ou à la géographie des pays traversés – il est vrai que l'Europe franchie de part en part, même à l'allure très lente du marcheur, présente une variété étourdissante de cultures et d'idiomes ; à peine apprend-on à dire « merci », « bonjour » ou « au revoir » que ces mots fraîchement conquis ne peuvent plus servir, car on a passé une frontière.

C'est vécu de la sorte, comme un accident presque, un événement soudain que rien n'annonce et rien ne suit, que le voyage se mue en aventure. C'est en cheminant ainsi, dans cette condition d'innocence et presque d'ignorance, que l'homme en mouvement peut échapper aux conditionnements du tourisme et s'ouvrir à une expérience plus juste.

Cela est vrai de tout voyage, mais l'est plus encore du voyage à pied, sac au dos, qui place le marcheur dans un état de vulnérabilité mais aussi d'éveil maximum, de réceptivité extrême à son environnement. Une part animale subsiste en tout homme, que la vie urbaine sédentaire contribue à assoupir. Elle se ranime, au contraire, dans l'exercice de la marche sur de longues distances : les sens s'aiguisent, y compris le sixième, l'intuition, dont l'aventure à pied permet le vigoureux déploiement.

Dans mon carnet :

> « La marche autonome soulève des questions essentielles, oubliées de la plupart des Occidentaux : "Où dormir ce soir ? Que manger ? À qui demander mon chemin ?" Confronté de la sorte aux besoins les plus simples, à la vie élémentaire, le marcheur développe une attention neuve à ce qui l'entoure. Les rencontres ont plus de relief ; la moindre pensée, la moindre émotion se

détache avec netteté, tel un son pur dans un parfait silence. Enfin, le temps paraît ralentir ; une journée en mouvement fait l'effet d'une semaine chez soi. Une meilleure écoute, une plus grande vigilance : telles sont les qualités cultivées par le voyage aventureux chez qui l'entreprend. »

Retour à Lyon. Rémi et moi faisons rapidement connaissance autour d'un café, puis nous chargeons nos sacs à dos. Le matin est clair, le ciel limpide. Séduits par notre entrain et notre bonne mine, amusés aussi par nos tenues de trekkeurs, insolites dans l'environnement urbain, des gens nous interpellent :

« Où allez-vous, comme ça ?

– À Chamonix !

– C'est un pèlerinage ? »

Natif de Lyon, je connais bien la ville. Rémi n'y a jamais mis les pieds. D'où les nombreuses inflexions que s'autorise, au début, notre itinéraire : nous butinons les sites touristiques de l'ancienne capitale des Gaules, jusqu'au parc de la Tête-d'Or dont la traversée rallonge pourtant notre parcours de plusieurs kilomètres. Là encore, nos gros sacs égayent les coureurs à pied qui nous dépassent. Des plaisanteries fusent, mêlées d'encouragements.

C'est seulement vers l'heure du déjeuner que notre boussole s'oriente franchement à l'est, et qu'à travers plusieurs communes de l'agglomération lyonnaise (Villeurbanne, Décines-Charpieu, Meyzieu, Jonage…), suivant peu ou prou le cours du Rhône, nous entamons notre lente progression vers les montagnes.

Peu à peu, le tissu urbain se démaille, les immeubles rapetissent et font place à de coquettes villas qu'entourent des jardins d'agrément. La mue est rapide, plus rapide que je ne le prévoyais. Partis le matin de la ville, nous cheminons l'après-midi dans la campagne. C'est inespéré. Tous ceux à qui j'ai confié mon désir de quitter Lyon à pied m'ont mis en garde contre le chapelet de zones artisanales et de zones industrielles, s'étalant sur des kilomètres, qu'il me faudrait traverser. Mon choix de longer le fleuve plutôt que l'autoroute et la départementale qui la dédouble, plus au sud, nous a permis d'y échapper. Certes, le chemin est moins direct, les routes moins rectilignes ; mais le confort de marche est très supérieur.

Le Rhône nous facilite la tâche. S'il filait tout droit, s'il cinglait vers la mer comme plus au sud, après Valence, la voie automobile et la voie ferrée s'en rapprocheraient sûrement. Il faudrait nous frayer un chemin à travers les pare-chocs, subir tous les tracas qu'engendre le voisinage des machines roulantes. Heureusement, son cours aux abords de Lyon est sinueux, freiné par les alluvions et, sans doute, modelé par les montagnes proches. Le Rhône multiplie les méandres et les boucles, au plus grand profit des marcheurs qui trouvent à s'abriter dans ses replis douillets.

Par endroits, le fleuve s'étale, si large et si lent qu'on

dirait un lac. À l'heure du déjeuner, nous pique-niquons sur la berge herbeuse, face à des voiliers à l'ancre, dans un calme parfait. Seuls à troubler le silence, le cliquetis des gréements, le clapotis de l'eau ridée par le vent bercent ma sieste en plein air. Difficile de croire que trois heures auparavant, nos pas se déroulaient sur les trottoirs d'une grande ville.

Nous n'avons pas vu un seul supermarché, une seule enseigne de meubles ou de bricolage avant notre étape du soir – aucun aspect, donc, du cauchemar moderne où l'étape inaugurale m'avait parfois plongé. Tout de même, ce restaurant rapide, spécialisé dans la cuisson de poulet de batterie importé des États-Unis, dont la généreuse verrière du premier étage contemple un poste de transformation électrique, offre une rare concentration de nuisances ; autant pique-niquer dans les bois autour de Tchernobyl ! C'est le seul de ce genre que nous rencontrerons.

Notre première nuit, à proximité de Villette-d'Anthon, promet un dépaysement modeste : nous ne marchons plus dans le département du Rhône, mais en Isère. Ce n'est pas la seule nouveauté de l'étape. J'ai troqué ma vieille tente contre un modèle récent, léger, compact, simple à monter, et l'inaugure dans une prairie humide le long du fleuve. Le fin tapis de sol que je déroulais auparavant sous mon abri, simple épaisseur de mousse à l'envers aluminé, a cédé la place à un tapis alvéolé, plus confortable. Enfin, j'ai changé de chaussures pour corriger un défaut majeur de la paire précédente : elle laissait pénétrer l'eau. Une membrane imperméable prétend isoler mes souliers neufs des intempéries.

Malheureusement, mes pieds ne semblent pas apprivoiser ce dernier accessoire. Au terme des trente-six kilomètres marchés le premier jour, une énorme ampoule a fait son apparition, d'autres menacent. Moi qui raillais les randonneurs aux talons saignants et les blâmais de mal choisir leurs croquenots, voici qu'à mon tour je taille le sparadrap... On est puni par où l'on a péché.

Les premiers jours, nous progressons régulièrement vers les montagnes qui s'annoncent aux ondulations du terrain, de plus en plus marquées. Ce ne sont encore que des collines, conquises sans effort, mais cette faible élévation suffit à dégager de beaux points de vue et à ralentir l'expansion des bourgades, qui peinent à gravir le relief environnant.

Il faut remercier les montagnes de contenir les villes, comme au nord de Lyon ou à l'est de Marseille. Les agglomérations s'étalent en plaine, à la façon d'une flaque qui s'agrandit. Mais si les pentes se redressent, les constructions se font plus rares et changent de nature : moins d'immeubles, davantage de pavillons que l'altitude convertit en chalets puis en cabanes d'alpage. Le gros des habitations se concentre au fond de la vallée, suivant là encore le sillon de l'eau qui y file ses torrents et y tresse ses ruisseaux.

Je suis impatient d'aborder les Alpes, malgré l'épreuve que constitueront les étapes ascendantes, et le temps qu'elles nous feront perdre. Dès le milieu de la semaine, notre marche a déjà pris du retard. C'est un peu ma faute : pour atteindre en neuf jours la ville de Chamonix, notre destination initiale, j'ai projeté de longues étapes – trop longues, trop dures. Nous ne ménageons pas nos efforts, nous marchons toute la journée et pourtant, au coucher du soleil, l'objectif poursuivi depuis le matin se trouve encore à des kilomètres.

Mauvaise estimation des distances. Prise en compte insuffisante du relief, qui freine considérablement l'élan des voyageurs à pied. Dès que la pente s'accuse, le confortable chemin de plaine se replie en un sentier tortueux, et notre moyenne chute aussitôt. C'est à peine si nous marchons la moitié de la distance que nous ferions sur du plat. J'ai négligé l'incidence du dénivelé. Il faut dire que ma carte de référence, celle, imprimée, qui m'a servi à projeter notre itinéraire, est mal adaptée aux parcours de randonnée. À l'échelle 1/100 000e (un centimètre égale un kilomètre), elle convient mieux aux périples automobiles qu'aux excursions pédestres, qui exigent plus de précision.

Ces difficultés sont transitoires. Au fil des étapes, je délaisserai peu à peu la carte papier, utile surtout à acquérir une vue d'ensemble de notre progression, et m'initierai aux plans numériques. Mon petit assistant personnel, un téléphone portable, possède entre autres talents celui d'afficher les cartes géographiques à différentes résolutions – jusqu'au 1/12 500e, un centimètre égale cent vingt-cinq mètres. Il suffit d'un petit geste convergent du pouce et de l'index pour élargir le point de vue, comme si l'on prenait de l'altitude. Inversement, éloigner ces deux doigts permet de zoomer sur un détail.

L'autre grand atout des cartes digitales est de situer le marcheur en temps réel, grâce au GPS. Cette fonction est à mes yeux la plus précieuse, en quoi ces cartes immatérielles surpassent vraiment leurs équivalents imprimés : j'ai traversé des bois si touffus, zébrés de sentiers si nombreux, qu'une carte sans positionnement n'aurait servi à rien. Même chose quand on chemine de nuit. Dans l'obscurité complète, mon seul repère est la petite flèche jaune qui me localise.

J'ai testé différentes solutions de cartes numériques, gratuites ou payantes, couvrant un espace défini ou embrassant de vastes régions. Saluons ici l'application *iPhiGéNie*, développée en collaboration avec l'Institut géographique national, qui fournit un service très performant pour un prix modique. Les cartes disponibles, hélas, se limitent à la France. La Suisse propose l'équivalent, *SwissTopo*, mais c'est très cher : il en coûterait près d'un millier d'euros au randonneur qui voudrait télécharger les cartes de l'intégralité du territoire de la Confédération ! Ceci, pour un service inférieur : quelle sottise, par exemple, d'afficher les sentiers pédestres en jaune sur fond blanc ! L'IGN, pertinemment, a opté pour le violet.

Après la Suisse, aucun pays sur notre itinéraire n'édite plus ce genre d'application. J'étudierai alors l'offre amateur, pléthorique sur Internet mais de valeur très inégale. Ces recherches me conduiront à exploiter des cartes numériques de qualité moyenne, mais qui ont l'avantage d'être consultables sans connexion réseau – il suffit de les télécharger avant le départ –, de couvrir le monde entier et surtout, d'être gratuites : elles alimentent le logiciel *Offline Topo Maps*, compatible avec tous les téléphones.

Ces cartes digitales « communautaires » exploitent des données de seconde main et des informations fournies par les internautes. Conséquence : de nombreux sentiers sont absents, d'autres sont tracés qui n'existent plus et, surtout, la toponymie est assez fantaisiste. Les noms de certaines grandes villes peuvent manquer, remplacés par ceux de petits villages de leur proche banlieue ! L'affichage reste approximatif, des textes ou des images se chevauchent qui rendent parfois la lecture malaisée. Qu'importe : j'ai apprivoisé cet outil capricieux et, désormais, m'en sers partout. C'est un allié précieux sur notre tour du monde à pied.

Cependant, Rémi et moi n'en disposons pas encore, tandis que nous cheminons vers les Alpes, au début de cette deuxième étape. Notre traversée de la grande plaine qui s'étend à l'est de Lyon n'a pas besoin, il est vrai, du secours d'une boussole. Depuis quelques jours, les montagnes qui bordent l'horizon fixent notre cap. Plein est, c'est une levée de terre spectaculaire, une convulsion rocheuse qui grandit à la mesure de nos pas, se révèle chaque matin plus ample et plus détaillée, comme si une loupe grossissante s'en rapprochait peu à peu.

Rarement la géographie paraît plus intelligible, la carte plus déchiffrable qu'en abordant une chaîne de montagnes dressée d'un coup sur la plaine. Marcher vers un relief de cette importance est chargé pour moi d'une émotion particulière, liée sans doute à l'insignifiance de l'homme face à de tels décors, au léger vertige que procure la contemplation des sommets et à la conscience pénible, mais sereine à la fois, du peu d'espace dévolu à notre espèce dans l'immensité du cosmos.

La première ville savoyarde sur notre parcours s'appelle Chambéry. Dès notre départ de Lyon, ce nom pour nous s'est détaché des autres, à la manière dont retentissent, à l'oreille du navigateur, ceux des ports lointains qu'il espère aborder. Atteindre Chambéry, c'est pénétrer les Alpes et, pour nous, pauvres marcheurs, défier un obstacle millénaire qui a refoulé tant de voyageurs au cours des âges. Pourtant ce toponyme, Chambéry, hybride de chambre et de chantilly, est d'une douceur trompeuse, d'une suavité mensongère. Au seuil d'un massif de quartz et de granite, il m'évoque un grand pot de crème où nos pieds plongeraient voluptueusement…

Avant d'entrer dans Chambéry, nous franchissons dans des conditions athlétiques la montagne de l'Épine qui domine le lac d'Aiguebelette. La montée est rude, et même périlleuse au-dessus du tunnel autoroutier. Il faut suivre un sentier à ras de falaise, judicieusement équipé de câbles et de mains courantes. Le moindre faux pas nous précipiterait au milieu des voitures, deux cents mètres plus bas, tués d'abord par la chute puis écrasés sous les roues des autos lancées à pleine vitesse. Une fin aussi cruelle qu'ignominieuse, pour des voyageurs à pied !

À Chambéry, nous nous accordons une nuit d'hôtel et un repas au restaurant, dans une salle déserte où nous sommes seuls à dîner. Ce soir-là, le café que nous buvons partout, carburant noir de notre marche, fait place à la bière, et même à un succédané de champagne : Rémi fête son anniversaire.

Jusqu'ici, nous avons bénéficié d'une météo très favorable, exceptionnelle en cette saison : ciel dégagé, soleil estival. Sur mon appareil photo, je collectionne les clichés d'une nature de printemps, fleurie et délicate, qui étincelle dans la clarté de midi. Sauf les feuillages timides, on pourrait se croire au début de juin.

Mais, comme nous abordons la traversée des Bauges, premier massif après Chambéry, les températures chutent soudainement. Le thermomètre, qui affichait vingt-six degrés sur les routes de l'Isère, tombe à cinq degrés. C'est arrivé si vite que nous n'y croyons pas. Cette subite fraîcheur serait-elle une mauvaise farce, l'effet d'un vilain coup de vent, sinon le produit d'un microclimat sur les hauteurs de la vallée ? Non, pourtant. Le froid paraît s'installer. Sous le couvert des arbres, la lumière devient glauque, cendreuse. En un instant, nous avons basculé d'une extrémité à l'autre du calendrier. Nous étions aux prémices de l'été, nous voici au seuil de l'hiver…

J'enfile mon pull et mes gants, en songeant, inquiet, à la nuit qui vient. Il faudra, si possible, la passer à l'abri, car nos tentes ne sont pas adaptées à des conditions trop rudes. Commence alors la quête angoissée d'un toit dans cette combe peu habitée. Hélas, avec la météo, la chance aussi a tourné. La seule auberge des environs est fermée, justement ce soir, et il n'est pas question de rouvrir pour deux randonneurs en détresse. Les habitants des villages avoisinants, que nous hélons depuis la route, refusent de nous héberger. Même un fermier que nous sollicitons humblement d'un coin de grange, pour nous étendre sur le foin, prétexte qu'il n'a pas la place. La moutarde me monte au nez. Il me revient en mémoire cette citation de la Bible, extraite de l'évangile de Marc : « Et, s'il y a quelque part des gens qui ne vous reçoivent ni ne vous écoutent, retirez-vous de là, et secouez la poussière de vos pieds. » C'est tout à fait approprié !

Il n'y a pas le choix. Nous plantons nos tentes en

altitude, au pied de la montagne, et abordons la nuit glaciale sous une véritable armure textile : j'ai revêtu, en couches superposées, à peu près tous les habits que contient mon sac à dos, et même deux caleçons passés l'un sur l'autre ; Rémi, de son côté, s'est enroulé dans sa couverture de survie. Malgré tout, difficile de trouver le sommeil. La nuit est une épreuve d'endurance. Il faut s'emmitoufler tout le corps, tête et visage compris, sans laisser aucun interstice à la pénétration du froid. Autant que possible, garder la même position, car le moindre geste fait bâiller les vêtements là où ils se recouvrent, le pull sur le pantalon, le pantalon sur les chaussettes, livrant alors la peau nue aux morsures du gel.

Puis : attendre. Attendre des heures le retour du soleil et de la vie, allumer de loin en loin sa lampe frontale pour éclairer sa montre, dans l'espoir que le temps apitoyé consente à s'écouler plus vite, qu'il pousse plus fort les aiguilles sur le cadran. Mais, bien sûr, le temps n'a que faire de nos geignements… Il ralentirait, plutôt, pour nous châtier d'être si peu prévoyants !

Rémi et moi sommes debout dès l'aube, sans avoir pris beaucoup de repos. Le réveil est glacial. Les tentes et l'herbe scintillent de givre. Un nuage de vapeur enveloppe nos joues à chaque expiration. Le paysage aussi est transfiguré. Une fine pellicule blanche recouvre la forêt, comme si on l'avait saupoudrée de sel. Malgré mes deux paires de gants, j'attrape l'onglée en repliant la toile. Vite, bouger, nous donner du mouvement !

Nous attaquons une pente assez rude et je sens, soulagé, la tiédeur de l'effort se diffuser dans mes membres. Il faudrait un café bouillant pour nous réchauffer tout à fait. Justement, voici une cabane… À travers la fenêtre, une bouilloire nous fait de l'œil. L'appel du café matinal est puissant. Rémi heurte la porte verrouillée, la secoue un peu, essaie de s'introduire par l'arrière de la maison. Nous sommes presque décidés à briser le carreau, quand un reste de conscience – ou de moralité – nous détourne de ce projet de cambriolage. Décidément, ce sont de drôles d'idées qui germent dans les cerveaux frigorifiés !

La montée se déroule à l'ombre mais, à travers les branchages, nous entrevoyons le col ensoleillé. Il paraît si proche – espoir de lumière, de chaleur, de délassement pour nos jambes engourdies… Je presse l'allure, creusant l'écart avec Rémi qui ferme la marche. Alors se produit un malheureux incident : avançant en tête, d'un pas soutenu, le regard fixé à la pointe de mes chaussures, je prends le mauvais sentier et m'égare en forêt. Rémi n'est plus derrière moi, ni ne répond à mes appels. Il ne possède pas de carte, pas de téléphone portable, aucun moyen d'être joint. Il ne connaît que le nom du village où nous sommes censés dormir, ce soir !

La sagesse aurait été de rebrousser chemin. Au lieu de quoi, je fais le choix risqué d'escalader la pente tout droit, malgré la montée rude qu'annoncent les courbes de niveau très serrées sur la carte. Mal m'en prendra :

deux heures durant, me voici gravissant à grand-peine une côte abrupte zébrée d'éboulis, où le moindre faux pas signifierait une chute incontrôlable. L'inclinaison est telle, parfois, que les feuilles mortes ne tiennent pas au sol, et que je dois m'agripper à des troncs d'arbres, à des pierres, à toute prise offerte par ce terrain difficile. Les chamois que je rencontre, à mi-pente, semblent beaucoup plus à l'aise que moi. Des chamois, à si faible altitude ? L'explication m'en sera donnée bientôt : des loups venus d'Italie rôdent au sommet, qui poussent ces animaux à descendre plus bas, parfois jusqu'aux premières habitations.

C'est un soulagement de rallier enfin le bon sentier, puis d'atteindre le col enneigé de la Verne (1 517 mètres) que Rémi, sans doute, a franchi longtemps avant moi. Je me demande comment il se débrouille, sans carte, et comment moi-même j'assurerai les prochains repas, puisqu'il porte le gros de nos provisions ? À cet instant, je doute que nous puissions nous retrouver. La pensée me traverse que, peut-être, nos chemins ont divergé pour le reste de l'étape, qu'il ira de son côté et moi du mien.

Cela me contrarie, mais ne m'inquiète pas. Il règne entre nous une entente assez souple. Elle aide à partager les longues journées de marche, mais permet aussi que l'un ou l'autre s'isole, s'il le souhaite ou si les circonstances l'exigent. Des séparations de quelques heures ou de quelques jours interviendront au cours des étapes suivantes. Mais nous finirons toujours par nous rejoindre, d'une façon souvent inexplicable : Rémi surgissant au coin d'une rue, dans telle ville où ni l'un ni l'autre ne prévoyait de passer, Rémi louant une chambre dans telle pension dont je ne lui avais pas donné le nom et où, moi-même, j'étais entré par hasard…

Que signifient ces aubaines répétées, insistantes ? Existe-t-il des liens mystérieux unissant les êtres, des forces étranges jouant dans leurs interactions ? Projection miniature de l'existence, avec ses détours, ses fatigues, ses errements et ses raccourcis, la marche permet de mieux sentir ce que, faute de mieux, nous appelons « coïncidences », « opportunités », et qui témoignent peut-être d'un ordre caché, d'un filigrane secret courant sous nos vies.

Dans mon carnet :

> « Ainsi la marche offre-t-elle, mieux qu'aucune autre activité, un condensé de l'existence humaine, une illustration conforme, quoique d'intensité supérieure, de nos œuvres et de nos songes, de ces moments où nous nous sentons misérables, de ces instants pleins d'élans où nous embrassons le monde entier. Marcher, c'est vivre plus, c'est vivre au cube. »

Parvenu au village d'Aillon-le-Jeune après une rapide descente, je m'installe devant la fromagerie, sur la place centrale, bien en vue des rares passants. L'après-midi est délicieuse et je m'affale avec bonheur sur le banc en bois épais, flanquant une table non moins massive, que blondissent les rayons tièdes du soleil d'avril. Mon projet est d'attendre Rémi une heure ou deux. Ensuite, tant pis, je poursuivrai ma route.

Or, à peine cinq minutes sont écoulées quand il surgit devant moi, guidé par son intuition vers ce lieu de rendez-vous ! Il m'apprend qu'il s'est perdu après le col mais qu'il a pu atteindre la vallée, coupant à travers champs vers les premiers toits aperçus. De jolies retrouvailles, célébrées lors d'un pique-nique exclusivement laitier : nous taillons de jolies tranches dans le quart de tomme acheté à la fromagerie, en rinçant ce petit festin de jus de pomme bio. Le reste de boisson se déversera dans nos gourdes, car il n'est pas question de traîner avec nous la lourde bouteille en verre, d'ailleurs consignée.

C'est la première fois que je déplie mon couteau suisse, aussi polyvalent qu'inutile. Il ne me sert à rien, sauf donc à couper le fromage ou le saucisson et, de loin en loin, à déflorer un litre de vin. Je n'ai jamais vérifié l'idée répandue selon laquelle le couteau serait l'accessoire indispensable du montagnard. Chaque fois que je refais mon sac, au début de l'été, j'hésite à l'emporter. Ce n'est pas la pièce la plus légère de mon équipement et, comme d'autres fournitures d'usage sporadique – le sifflet, la couverture de survie, même la boussole si l'on y songe –, la tentation est grande de le laisser à la maison. En comparaison, les sous-vêtements jamais assez nombreux, les batteries de rechange du téléphone, se situent beaucoup plus haut dans mes priorités.

Cet aveu s'accompagne d'un petit regret car, assurément, il y a une certaine grâce à jouer de sa lame, comme ces coureurs de bois qui dégainent la leur à la moindre occasion pour tailler un bâton, sculpter un morceau de corne ou éclaircir leurs ongles terreux. Peut-être les envié-je secrètement, car j'aimerais, moi aussi, savoir quoi faire de mon huit-lames helvète ? Il m'embarrasserait, plutôt. On reconnaît l'homme des villes à ce qu'il n'ose pas détourner un ustensile de sa fonction première : entre mes mains, un cure-dents reste un bâtonnet à nettoyer les espaces interdentaires, mais ne devient jamais une aiguille à percer les ampoules, une broche pour tenir ensemble les étages glissants d'un sandwich au pain de mie.

En réparation de la courte nuit et des émotions de la matinée, nous nous offrons une confortable chambre d'hôte. Sieste de plusieurs heures sur des lits jumeaux. Le soir, nous mangeons à la table de la famille qui nous reçoit. Par les carreaux de la cuisine, la vue porte sur la montagne que nous avons dévalée et dont la crête rocheuse, finement poudrée de neige, reluit durement sur le ciel bleu. Mes jambes brûlent encore de l'ascension du matin et, pourtant, j'ai déjà envie de repartir.

C'est ainsi qu'agissent sur moi, en général, les pics,

les glaciers, les cols, n'importe quel point du paysage dans la partie supérieure de mon champ de vision. Adolescent, l'aspect d'une cime émergeant des nuages me lançait un défi impérieux : me hisser tout en haut, aussitôt que possible. J'ai mis des années à dompter cet appel orgueilleux à fouler sous mes pieds tous les reliefs de la planète, de préférence à vive allure, en creusant avec les autres marcheurs un écart humiliant. Maintenant que j'ai atteint l'âge mûr, ce sentiment me gagne encore, par bouffées, mais j'admets plus volontiers d'être rattrapé et distancé par les jeunes. Je ne me soucie plus d'aller vite et n'aspire plus qu'à marcher longtemps – c'est-à-dire loin. Une étape de quarante kilomètres me donne envie des cinquante, une de cinquante crée l'espoir des soixante, ainsi de suite. La distance m'importe plus que la cadence, une façon de soumettre l'espace, au lieu du temps.

Deux jours avant la fin de la marche, Rémi doit reprendre le train. Nous nous saluons à la croisée des chemins. Il choisit celui qui descend vers la vallée, je m'engage dans celui qui monte. Mes pas se tournent vers Albertville, puisque Chamonix semble hors de portée. Je presse un peu l'allure, pour condenser en deux seulement les trois étapes qu'il faudrait. La météo s'est remise au beau, les paysages sont splendides et je sens dans mes jambes, dans ma poitrine, un regain de vigueur.

Une cabane de bois m'accueille, l'avant-dernière nuit. Ce sont les propriétaires d'un gîte qui me l'ont proposée, faute de place dans le dortoir commun. Il s'agit d'un ancien grenier, converti en chambre d'appoint par la présence d'un sommier, d'une table et de chaises. La décoration est sobre, dans l'esprit montagnard des lieux : un bidon de lait en aluminium s'empoussière dans un coin ; sur une étagère, des bols de même effectif que celui maximal des occupants – il y en a trois, comme il y a trois cuillères, trois fourchettes, d'ailleurs trois lits et trois couvertures ; c'est la maison de Boucle d'Or ! Sol, parois, plafond, porte, toit et façade, tout est fait du même bois sombre qu'on dirait passé à la fumée, avers et envers. Cet abri se révèle néanmoins très confortable. Je rêverais d'y installer mon cabinet d'écriture.

La veille du retour, les moines de l'abbaye cistercienne de Tamié m'offrent l'hospitalité. Nous sommes le dimanche des Rameaux, et j'ai la chance d'assister aux vêpres chantées par les religieux dans l'église fraîche et pénombreuse. Le dîner, léger, se déroule en silence, comme l'exige la règle austère de saint Benoît. Je m'accommode mal de cette injonction, moi qui, déjà, viens d'avaler trente kilomètres sans causer à personne. Un ou deux mots m'échappent, sous prétexte d'attirer le pain ou la casserole de lentilles. Rationner boisson et nourriture, ce n'est pas trop mon genre, non plus. La règle bénédictine ordonne : « Il faut surtout éviter les excès, de façon que jamais un moine n'arrive jusqu'à l'indigestion. Il n'y a rien de plus contraire à tout chrétien que de manger trop. » Mais je n'ai prononcé aucun vœu. Sous le regard réprobateur des autres convives, je me sers deux fois du plat, remplis trois fois mon verre numéroté, relique des cantines scolaires. Tant pis si je passe pour un glouton. Demain, je serai loin !

Pas étonnant que le marcheur, si longtemps, ait été regardé de travers : voici un être libre et furtif, une ombre qui se glisse hors des maisons, sans rien laisser qu'une empreinte de dents dans un morceau de pain et la trace de ses bottes au seuil cendreux de l'âtre. Ainsi les chemineaux d'autrefois : des hommes sans aveu, qui couraient les sentiers en vivant de petites besognes et de menus larcins. On s'en méfiait.

Dès l'aube, je suis en marche dans la forêt autour de l'abbaye. Une biche prend la pose dans le soleil oblique qui allume les sous-bois. Lumière tendre, jonchée de feuilles du dernier hiver, mais diffusant encore leurs senteurs de réglisse refroidie. Trois heures plus tard, voici la petite gare d'Albertville, voici le train qui me ramène à mon point de départ, rebroussant l'itinéraire suivi à pied. Fin de la deuxième étape.

Étape 3

D'Albertville (France) à Andermatt (Suisse)

Rappel des règles du tour du monde à pied, fixées dès l'origine du projet, inscrites nulle part et auxquelles pourtant j'obéis comme si une police ubiquiste en surveillait l'application : défense d'emprunter aucun véhicule à moteur ; obligation de commencer la nouvelle étape là où a fini la précédente. À quoi s'ajoutent d'autres dispositions, moins contraignantes : porter tout son bagage, limiter les pauses et abréger les haltes, cheminer aussi longtemps qu'il fait jour.

En vérité, ce règlement sévère s'adresse à moi seul. J'en dispense mes compagnons de marche qui ne feront pas toutes les étapes, ne suivront pas en intégralité celles auxquelles ils participent et pourront, de temps à autre, soulager leurs fatigues en s'offrant une course de taxi ou de téléphérique. Des facilités que je me refuse.

Forcé tous les ans d'ajuster point de départ et point d'arrivée, j'accomplirai des « voyages d'approche » parfois très longs, si la dernière étape, par exemple, s'est achevée à l'étranger loin d'une grande ville. Sautant d'un avion dans un train, d'un train dans un autobus, il faudra deux ou trois jours pour rejoindre la cabine téléphonique ou le panneau d'affichage devant lequel j'aurai suspendu mes pas, un an plus tôt.

Pareillement, l'exigence de tout faire à pied m'enfermera dans des dilemmes absurdes. Il m'arrivera, à la fin d'une journée pluvieuse, d'accepter l'aide d'un automobiliste pour me déposer devant la seule pension des environs. Mais alors, le lendemain, je m'imposerai de refaire à pied le trajet dont il m'aura dispensé, afin que le trait enregistrant ma progression sur la carte numérique ne soit pas interrompu, serait-ce d'un kilomètre. Je ne fais pas le tour du monde en pointillés : c'est une ligne continue que j'entends tirer autour de la planète.

Des scrupules excessifs, jugeront certains. Nombre d'aventuriers émérites ont recours au transport mécanique ou animal pour contourner un obstacle, franchir une zone dangereuse ou se mettre en règle avec l'administration – dans le cas, par exemple, d'un visa qui vient à expiration. C'est par trois jours de vélo que Sylvain Tesson et Alexandre Poussin ont entamé leur longue marche à travers l'Himalaya. Le Canadien Jean Béliveau a été passager d'avions et de bateaux. Même chose pour le Sud-Africain Mike Horn ou la Suissesse Sarah Marquis dont le profil d'aventuriers, pourtant, est nettement mieux dessiné que le mien.

Pourquoi, alors, me montrer si radical ? Pourquoi ce refus têtu de monter dans une voiture, qui, sûrement, me vole la chance de belles rencontres ? Il entre ici un peu d'amour-propre. Choisir un cap et m'y tenir, quels que soient les efforts à fournir et l'énergie à déployer, marcher courbé contre le vent, creuser ma trace en dépit des écueils, des retards, de l'adversité : ça me ressemble assez. L'aventure perdrait son sel si elle tolérait les raccourcis ou les aménagements, si elle versait dans l'approximation. Sans la sueur, sans la fatigue, sans les kilomètres en excès, sans l'ombre ou la pluie qui menacent, à quoi bon cheminer ? Le pire pour moi n'est pas de patauger dans la boue, un gros sac sur les épaules, mais d'entendre les reproches de ma conscience si j'ai faibli, si j'ai triché, si j'ai baissé les bras quand il aurait fallu bander les muscles. Connaître mes limites, les explorer jusqu'au bout : tel est d'abord, à mes yeux, l'objet d'une marche aventureuse.

La deuxième étape m'avait laissé en gare d'Albertville, après la fraîche traversée du massif des Bauges. Selon ce vœu de reprendre le sentier, chaque année, où je l'ai quitté la saison précédente, c'est donc à Albertville que je renoue mes lacets, coiffe mon chapeau orné de son bel écusson et passe les bretelles de mon sac à dos dont les quinze kilogrammes, désormais, sont bien apprivoisés. Rémi n'est pas sûr de pouvoir m'accompagner, cette fois. Or, le jour même du départ, je reçois un coup de fil : parti de Toulouse au volant de son auto, il est en route et me rejoint. Nous convenons d'un rendez-vous à Beaufort-sur-Doron, premier arrêt sur notre itinéraire.

Beaufort… Seule la gourmandise m'inspire cette halte, qui constitue en vérité un détour. Mais pour le savoureux fromage éponyme, qu'on achète ici moitié moins cher qu'ailleurs, je consens volontiers ce pas de côté. La coopérative laitière, ses gros chaudrons de cuivre où bouillotte le lait, ses caves fraîches où trônent les meules sur des rayons de bois, me mettent en grand appétit. D'ailleurs, notre visite d'un quart d'heure suffit à lester nos sacs d'un kilogramme supplémentaire – l'épaisse tranche de beaufort dont nous avons fait l'emplette, et qui embaume sous sa double enveloppe de papier alimentaire et de feuille d'aluminium. Sagement, nous confions la moitié du fromage à la pension qui nous héberge, afin que Rémi puisse l'emporter quand il viendra reprendre son véhicule. Les écureuils aussi enfouissent leurs noisettes en lieu sûr ! Le reste enrichira nos pique-niques durant quelques jours.

Notre marche débute sous le soleil, par un grand ciel bleu. Le beau temps a été si constant, depuis mes premiers pas sur le sentier, et les occasions si rares d'enfiler mon anorak, que je commence à croire à quelque protection surnaturelle. Un ange veille-t-il sur nous, armé de ses anticyclones ? Quelques journées humides dans les vallées helvètes me dépouilleront de cette impression. Mais pour l'heure, il fait clair et les eaux turquoises du lac de Roselend invitent au voyage – autant qu'à la baignade, si des panneaux plantés sur les berges ne l'interdisaient expressément.

Ce bassin de retenue a des allures de lagon tropical. L'illusion serait parfaite sans les motos qui défilent, des convois de vingt ou trente engins, grondant et rouspétant, à la fâcheuse invasion desquels je ne peux trouver d'excuse : cette forme de tourisme motorisé, consistant à sillonner toutes les Alpes en cinq jours ou, aussi bien, l'Europe en deux semaines, ces courses à toute allure jalonnées seulement de pauses-bières et de pauses-pipis, aux dépens des piétons qu'on bouscule et des vaches qu'on effarouche… très peu pour moi ! Heureusement, les motards sont une espèce diurne. Ils disparaissent dès la fin d'après-midi et nous retrouvons la paix des montagnes.

Première nuit sous la tente, ou plutôt sous une yourte dressée près du refuge où nous logeons. J'ai couché dans une yourte pendant ma traversée de l'Aubrac et, sauf le tracas d'ôter ses chaussures pour préserver les nattes qui couvrent le sol, j'apprécie d'y dormir. La température, la luminosité y sont régulées simplement, par la conception même de l'abri circulaire. On y trouve un sommeil d'une grande qualité, facilité peut-être par la disposition en pétales des matelas, laquelle, certes, n'aide pas à retrouver le sien, mais doit, en quelque façon, améliorer la diffusion des énergies.

Un autre gîte, à proximité, vend du beaufort d'alpage, variété rustique du même fromage, dont la meule bien entamée achève de mûrir sous un torchon à carreaux. La tentation de comparer avec le beaufort de la coopérative est trop forte ; nous voici pourvus d'un second morceau…

Cette foison de pâtes laitières à l'intérieur de nos poches, et le surpoids qui en résulte, nous offrent une belle excuse de manier l'Opinel. Ce n'est somme toute qu'un transfert de masse : celle retranchée aux sacs vient alourdir nos estomacs, avant l'alchimie lente des digestions. À contenu identique, il est meilleur de soulever un gros ventre qu'un gros sac, et nous n'hésitons pas. Je crois même que nos arrêts se multiplient, depuis qu'ils sont l'occasion d'aérer le beaufort et d'aviver au fil de nos couteaux sa concavité naturelle.

Dans mon carnet :

> « Soyons clairs : le premier plaisir de la marche, de toute activité exigeant un effort, tient dans sa suspension. Cet instant où l'on soulage ses épaules du poids du sac à dos, soit le jetant à terre, soit en confiant la charge à sa cuisse qui pivote, cet instant où l'on tète la gourde si longtemps convoitée, où l'on ôte le chapeau, la polaire, le tour de cou, tout ce qui tient chaud – cet instant condense tous les espoirs des heures de peine et d'endurance qui l'ont précédé. Il assouvit tous les désirs, il exauce tous les vœux des pauvres marcheurs qui, depuis le matin, ahanent sous le soleil ou pataugent sous l'averse. C'est encore mieux si la pause fournit l'occasion de boire une limonade, de mâcher

une brioche. Alors, le paradis des valeureux s'ouvre tout grand aux gens allant à pied.

C'est à se demander où les randonneurs, prétendument “amoureux de la marche”, trouvent leur motivation : soit en marchant, soit plutôt en cessant de marcher ? Les deux, en vérité. Car la bière lampée au bord de la piscine, par une journée oisive, n'a pas la même saveur que la boisson prise à la terrasse du refuge, au terme d'une rude montée. La première n'est qu'un nouvel agrément, une pincée de sucre jetée sur un tas de douceurs. De la seconde, chaque gorgée non seulement désaltère mais aussi rafraîchit, égaye et conforte, réparant les dommages du corps et les tensions de l'esprit.

On peut en dire autant des bouchées du sandwich, meilleures avec l'appétit sportif, ou du café pris en ville sans y penser, alors qu'il devient nectar incomparable s'il doit donner l'élan des foulées du jour. Est-ce cela, la récompense du voyageur à pied ? Peut-être. De rares moments de grâce qui font plus intenses, car aussi plus méritées, les satisfactions des sens. »

Dans les jours qui suivent, la superposition de notre itinéraire au Tour du Mont-Blanc, l'un des sentiers les plus peuplés d'Europe, nous vaut un véritable bain de foule. Progressant vers l'Italie, nous marchons à rebours des groupes qui se succèdent, à intervalles de quelques mètres, sur le chemin caillouteux. Impossible de toujours céder le passage à ceux qui montent, comme le voudrait l'usage : nous n'avancerions plus. Alors, nous bondissons de pierre en pierre, nous taillons par l'herbe ou par le ruisseau, tels des cabris farceurs au milieu d'un troupeau.

Malgré cela, nous gagnons sur les étapes initialement prévues : les refuges qui nous attendaient le soir nous voient passer à midi, sinon la veille, de sorte qu'après trois ou quatre jours, le programme que j'avais préparé est devenu caduc. Nous restons fidèles au tracé projeté, mais l'allure est bien plus rapide que celle d'abord estimée. Parfois, il faut planter la tente où nous surprend le crépuscule : au bord du chemin, près d'un point d'eau quelconque. Il s'est mis à pleuvoir la seule nuit où nous étions sans solution d'hébergement. En hâte, nous avons dressé notre abri de toile, cueilli quelques myrtilles pour améliorer d'infects paniers pique-niques, tenté même d'allumer un feu avec des branches de sapins ramassées alentour… J'ignorais avant d'y réchauffer mes mains qu'un feu pouvait prendre sous l'averse ! Malheureusement, la fumée, basse et tournante, fouettée sans arrêt par le vent, gêne nos voisins de campement – il faut piétiner trop tôt ce miracle de clarté et d'ardeur.

Le début de la marche me familiarise avec mon matériel, en partie renouvelé. J'étrenne une troisième paire de chaussures, du modèle bas, à semelle souple que j'affectionne et auquel je dois maintenant d'enchaîner les kilomètres sans la moindre ampoule ni aucun échauffement. Le vendeur m'a fait la démonstration d'un laçage innovant, inspiré de la course à pied, qui maintient le soulier sans brider le dessus du pied où confluent les veines irriguant cette partie du corps. Autres acquisitions : un tapis, le troisième également, qui se gonfle à la bouche et m'isole des aspérités du sol par une fine couche d'air ; une polaire de meilleure qualité et un chargeur solaire censé alimenter mon téléphone pour étendre son autonomie – mauvaise affaire, celle-ci, ledit appareil se révélant des plus paresseux et, finalement, un poids mort dans mon sac à dos. Comme pendant la deuxième étape, nous n'emportons que des cartes numériques, enregistrées dans la mémoire du téléphone, et déterminons notre position au moyen du GPS intégré.

À Chamonix, nous avons rendez-vous avec Sophie, brillante violoniste qui complétera notre petite équipe de marcheurs. Destination des prochains jours : la Suisse. C'est sous une pluie fine, percée par moments de courts rayons de soleil, que nous remontons la longue vallée frontalière. La plupart des randonneurs choisissent, pour atteindre le col de Balme qui sépare les deux pays, d'emprunter le téléphérique en service toute l'année. Pas nous, qui avalons le copieux dénivelé à la force des jambes.

Malgré le poids du verre, j'ai apporté une bouteille de champagne pour fêter l'événement : depuis mon départ de Pampelonne, c'est la première frontière que nous franchissons. Jamais encore, nous n'avions foulé de sol étranger ! Selon notre rythme de progression actuel, nous ne devrions pas revoir la France avant des décennies ! Effet de l'altitude, un prodigieux geyser jaillit de la bouteille quand saute le bouchon. De vrais boudoirs, les biscuits roses de Reims, s'attendrissent dans la boisson pétillante – que, faute de mieux, nous servons dans un verre plastique, dans un bouchon de gourde, dans un gobelet en fer-blanc, en trinquant sur ce mode hybride à la poursuite du voyage.

La frontière... Une borne enchâssée dans le béton atteste notre sortie de France et notre entrée en Suisse. Elle se dresse sur une zone pelée, à la nervure du col, piquée comme une punaise pour ajuster deux paysages : la majestueuse vallée de Chamonix, vers l'ouest, et celle plus resserrée qui s'étire vers l'est, aux marches du Valais helvète. Où que porte le regard, les roches mantelées de neige, nimbées aussi de nuages à l'éclat véhément, nous toisent avec superbe. Plus haut, il n'y a que le ciel, bleu, presque noir au zénith – un velours sans oxygène où pourraient bien, en plein midi, germer quelques étoiles.

Cette pierre limitrophe diffuse une étrange aura, tel un menhir ou un omphalos dressé là par les archiprêtres d'une religion oubliée. J'ai beau connaître les intentions purement administratives des fonctionnaires qui l'ont plantée à cet endroit, elle m'apparaît sacrée. Pour un peu, je m'agenouillerais devant, je l'enduirais de miel, je l'arroserais de lait ou de sang – le rituel du champagne et des biscuits roses me semblant bien païen, tout à coup.

D'ailleurs, à peine arrivé, j'ai frôlé la borne du bout des doigts, geste dont maints voyageurs continuent de saluer, partout dans le monde, la croix ou la pyramide à la cime d'une montagne. Le bloc de granite est usé aux angles, preuve que d'autres avant moi ont eu des égards pour l'idole minérale.

On sait comment naissent les frontières, quels aléas historiques et politiques en inspirent le dessin. On sait qu'elles règnent seulement dans l'esprit des hommes et qu'aucun ours, aucune fourmi n'a encore ratifié ces lignes pointillées sur la carte. Pourtant, les franchir n'est jamais quelconque. Entrer dans un pays en voiture, sous l'œil vigilant du policier, me met personnellement mal à l'aise. Et s'il abaissait soudain la barrière ? Et s'il ordonnait la fouille complète du véhicule, et son démontage pièce à pièce ? J'ai toujours un frisson, en passant les douanes au volant d'une auto.

Couper les frontières à pied, c'est autre chose. Il y a une jubilation certaine à repérer, dans le sous-bois touffu, au milieu des ronces qui cernent la borne témoin et l'enfouissent presque, la ligne invisible qui sépare les deux pays, puis à l'enjamber en songeant : « Mon pied gauche est encore en France, mon pied droit pénètre en Suisse. » On se rappelle les contrebandiers d'autrefois, chargés eux aussi d'un sac, pourvus eux aussi d'un bâton, qui scrutaient le chemin traversier sinuant sous les herbes. Nous ne trafiquons pas la viande ou le sel, pourtant nos alarmes sont les mêmes, nos cœurs tonnent fort dans nos poitrines.

L'intérêt d'aborder les frontières à pied, c'est aussi d'étudier comment s'espacent les habitations, comment confluent les routes en une seule, binationale, à l'approche de la démarcation. Il règne dans ces lieux une tension particulière, analogue à celle que diffusent les points d'acupuncture : l'air est comme électrisé par les constantes allées et venues ou, qui sait ? le choc dans l'atmosphère de langues incomprises. Pendant notre marche, nous fixerons les étapes de sorte à couper les frontières au milieu du jour, évitant donc de camper à proximité. Que craignons-nous ? Peut-être la police en maraude, les équipées nocturnes des passeurs et des bandits de tout poil.

Toute frontière est magique, et même un peu sorcière. Le voyageur le ressent d'autant mieux qu'il va lentement. Couper une frontière en avion ne laisse aucune impression, la franchir en train fait peu d'effet, c'est en voiture et surtout à pied que l'on perçoit le mieux les vibrations extraordinaires de ces bordures de mondes.

À l'allure où nous cheminons, c'est certain, nous ne quitterons pas tous les jours un pays pour un autre. Et d'autant moins que s'additionneront les étapes car, plus on va vers l'est, plus les territoires gagnent en étendue. Seule l'Europe mosaïque procure au marcheur la satisfaction de passer des frontières assez régulièrement. Dès l'entrée en Ukraine, ça deviendra plus rare – exceptionnel, quand nous aborderons l'immense plaine russe…

La lenteur de notre progression inspire des commentaires tantôt ironiques, tantôt perplexes à ceux qui découvrent notre projet de marche : « Ça n'avance pas beaucoup, sur la carte », « À ce train-là, vous serez morts avant d'arriver ! », etc. Ce sont des remarques de bon sens, formulées, du reste, avec sympathie et bienveillance.

Il reste que l'avancée paresseuse du tour du monde à pied, ces millions de pas qui, pointés sur la mappemonde, n'allongent le trait bleu que d'un ou deux centimètres, me posent un cas de conscience. Je regrette d'être parti si tard, la quarantaine franchie, même si d'autres marcheurs attendent eux l'âge de la retraite pour se lancer dans l'aventure. En somme, deux périodes de la vie sont propices à de tels départs : la jeunesse, parce qu'on est libre et sans attaches ; la maturité, parce que les enfants ont grandi et ne brident plus nos élans voyageurs.

Reconnaissons-le, je suis envieux de ces marcheurs partis « pour de bon », qu'ils aient la vingtaine, donc, ou déjà soixante ans. En naviguant sur la toile, on s'avise que beaucoup de gens, médiatisés ou non, solitaires ou en groupes, poursuivent de longs voyages à pied. Certains traversent des continents, relient une mer à l'autre, ferment des boucles géographiques. D'autres empruntent des sentiers historiques ou ravivent d'anciens pèlerinages. Une vaillante et très étroite minorité, enfin, revendique explicitement de faire le tour du monde, selon des itinéraires variés – les uns tenant par exemple qu'un tour du monde doit fouler les six continents, les autres (dont je me réclame) qu'il consiste plutôt à parcourir, sur toute sa longueur, le (ou les) parallèle(s) terrestre(s) de son choix.

Si l'objectif et les modalités de leurs projets établissent entre eux des différences, ces voyageurs ont en commun de le réaliser d'une traite, à l'exception des pèlerins de Compostelle dont une partie pratiquent comme moi la marche fragmentée. C'est cela surtout que j'envie : marcher non pas seulement un mois par an, mais tout l'été, l'année complète, plusieurs années durant ! Comme je voudrais, moi aussi, dépenser mes jours en foulées innombrables !

D'un autre côté, la singularité de mon projet réside précisément dans son morcellement. Parce qu'il n'occupe que quelques semaines à l'année, et ne requiert des participants qu'un effort raisonnable, ce tour du monde à pied par étapes permet d'enrôler des gens ordinaires, des personnes ayant un métier, des pères et des mères de famille. Une aventure, oui, mais compatible avec la vie de tous les jours, non un départ qui exigerait de tout abandonner. Voici à mes yeux le principe essentiel de notre marche, et sa plus grande qualité.

Je pense à tout cela en dépassant la borne suisse, l'esprit émoustillé par le verre de champagne dont l'altitude amplifie les effets. De ce côté de la frontière, le balisage sur fond jaune est d'une précision remarquable. Comme souvent en montagne, ce sont les durées, non les distances, qu'indiquent les écriteaux : la Croix de Fer à quarante minutes, le col de la Forclaz à deux heures vingt… Mais, tandis qu'en France, on compte très large – les randonneurs peuvent ainsi s'honorer d'avoir gagné une demi-heure ou davantage sur l'horaire estimé –, ici le minutage est rigoureux. Le temps indiqué est toujours juste, à croire que des chronométreurs, tapis dans les massifs de rhododendrons, relèvent nos performances en direct ! Est-ce la ponctualité tant vantée du peuple horloger ?

Dès nos premiers pas dans le canton du Valais, nous vérifions deux autres aspects bien connus de la Confédération : une organisation irréprochable ; un coût de la vie faramineux. Au pied de la montagne se déploie un site pour campeurs avec tout le confort, dont je n'ai vu l'équivalent nulle part en France : grandes surfaces de gazon fraîchement tondu, abri maçonné, douches, barbecue, prises électriques en libre accès… Nous regrettons presque qu'il soit midi car de telles commodités donnent envie de s'attarder.

Les pensions locales se révéleront, de même, très bien équipées. Je garde un souvenir reconnaissant de celle de Leuk, dans la vallée de Martigny, avec son piano, son baby-foot en acajou, son vaste buffet de petit déjeuner et sa cuisine dont les placards regorgeaient de trésors – tels qu'un poêlon à fondue ou une yaourtière… Une malédiction cocasse frappe généralement les cuisines de collectivités, aussi bien fournies en accessoires de dernière importance (un fil à beurre, un dénoyauteur d'olives) qu'elles sont pauvres en ustensiles de première nécessité, le tire-bouchon par exemple. Ce n'est pas le cas de cet établissement, dont la direction a mis un point d'honneur à ne décevoir personne, ni les randonneurs dînant sobrement de pâté étalé sur du pain, ni les gastronomes lancés dans la confection de prétentieuses recettes de fruits de mer.

Bien sûr, la propreté est ici une vertu cardinale. Non seulement partout en ville, mais partout en montagne et sur tous les sentiers, nous trouverons des distributeurs de sacs plastique à l'usage des maîtres de chiens, afin qu'ils emportent les déjections de leurs animaux. S'il existait un paradis de la respectabilité, ce pourrait être ici : à première vue, le canton du Valais n'a ni pauvres, ni mendiants, ni immigrés, ni jeunes fauteurs de troubles, ni tags sur les murs, ni même voitures de petite cylindrée.

La société dans son ensemble paraît jouir d'une prospérité insolente, qu'on ne sait à quoi attribuer précisément. Est-ce le commerce ? Le canton n'a rien à vendre, sauf quelques salaisons et des abricots renommés. Est-ce le travail ? Personne n'en semble esclave ; les boutiques ouvrent tard et ferment tôt. Alors ? S'agit-il des fameuses complaisances bancaires ? La Suisse est-elle redevable de ses beaux chalets et de ses grosses voitures à quelques mafieux russes, à quelques émirs pétroliers ? C'est un mystère que nous n'avons pas percé.

Seule certitude, donc : la Suisse coûte cher au voyageur à pied. Le premier café que nous buvons après la frontière est à quatre euros ; le moindre plat au restaurant revient cinq fois plus cher. Boissons coûteuses, nourriture hors de prix, y compris en grande surface où nous peinons à remplir nos chariots. Nous ressentons cruellement l'absence d'épiceries bon marché et de tables économiques, plus conformes à nos moyens. Dans le Valais, je n'ai vu nulle part l'enseigne d'un restaurant chinois ou d'un casse-croûte. C'est d'autant plus étrange que la cuisine de tous les jours est ici quelconque. Ce ne sont pas des mets élaborés pour lesquels nous déboursons tant d'argent, mais de banales pizzas, d'insipides plats de nouilles ou de purée dont rougiraient les pays de tradition gastronomique, comme l'Italie ou la France. En Suisse, semble-t-il, il ne faut pas confondre niveau de vie et qualité de vie – le premier ne garantit pas la seconde. Les Suisses se sont habitués à payer fort cher pour manger fort mal.

Dans ce pays aux deux tiers montagneux, notre traversée de la très large vallée de Martigny – en réalité presque une plaine – surprend nos mollets endurcis aux montées. Nous retrouvons un terrain plat, d'un bon effet sur notre moyenne kilométrique ; nous retrouvons aussi la chaleur, les après-midi languissantes où l'on se traîne. Le Rhône, plus étroit qu'en aval, déroule ses eaux grises le long de vergers et de vignes en terrasse. Le paysage ensoleillé évoque la Drôme provençale – illusion dont nous tire, toutes les vingt minutes environ, le passage du train valaisan, d'un rouge peu méridional. On parle encore français. Mais soudain, au détour d'une rue, c'est l'allemand qui râpe nos oreilles. Immédiatement, toutes les enseignes des commerces, tous les panneaux indicateurs épousent la langue de Goethe. Ce même jour, le beau soleil qui nous éclairait depuis la frontière s'habille de gros nuages, et les vignes trempées par de lourdes averses prennent tournure de ceps alsaciens.

Nos moyens ne nous permettent pas de loger à l'hôtel, aussi favorisons-nous le camping quand le temps s'y prête, Rémi optant plus souvent pour le bivouac en pleine nature, sinon pour des abris de fortune (grange, immeuble en chantier) qu'il sait dénicher partout. Sur cette troisième étape, ses conditions de voyage ne sont pas les nôtres : seuls la marche et le repas de midi nous réunissent. Mais, dès le coucher du soleil, Sophie et moi rejoignons le confort simple d'une pension ou d'un camp de plein air tandis que Rémi part en quête d'un lieu où dresser gratuitement sa tente.

Au fil des semaines, Rémi a été promu cuisinier du groupe. Deux fois par jour, il réchauffe sur son petit Butagaz un plat de pâtes, mêlées de carottes ou de concombres. Ce ragoût de féculents et de légumes est devenu sa spécialité et, par conséquent, la nôtre. Le menu ne varie guère mais, la faim aidant, nous n'éprouvons aucune lassitude d'avaler, chaque midi et chaque soir, toujours les mêmes aliments. Il n'y a pas assez d'assiettes ni de verres pour servir son repas à chacun. Faute de mieux, nous avons recyclé un emballage de tranches de jambon qui fait office d'écuelle, et partageons le gobelet où coule notre vin préféré, de ce côté des Alpes : le Dôle.

Certes, notre équipement paraît bien fruste à nos voisins de gazon, voyageant pour la plupart en auto et qui disposent, à l'usage d'une famille souvent nombreuse, de tout le nécessaire et même du superflu. Les campeurs français sont rarement issus des couches les plus aisées de la société. Il n'en va pas de même aux Pays-Bas, en Suisse ou en Allemagne, où les populations pratiquent l'hébergement sous toile quel que soit leur niveau de revenus. À preuve, ces berlines de luxe, immatriculées à Zurich : leurs propriétaires qui pourraient s'offrir l'hôtel préfèrent habiter une tente géante, montée méthodiquement, qui tient au sol par cinquante piquets dorés et se divise à l'intérieur en autant d'alvéoles qu'il y a de gens, plus une pour les vélos.

Mon expérience limitée de ce genre d'hôtellerie ne m'avait pas confronté, jusqu'ici, aux scènes dont nous avons été témoins en Suisse : un mobile home et son jardinet au vert irréprochable, peuplé comme il se doit de nains rubiconds dans des poses humoristiques, où son propriétaire passe chaque jour la tondeuse ; des panonceaux « Place de l'apéro », avec olives et pastis, cloués aux troncs des pins ; toute une quincaillerie de statuettes en plâtre, de drapeaux bariolés, de posters naïfs, encadrant une télévision géante ou un banc de musculation…

Cependant, la progression rapide et rectiligne le long du Rhône cultive en nous la nostalgie des montagnes, qui est aussi le regret des beaux panoramas et du soleil dès le matin – des grâces inaccessibles aux habitants d'en bas. De plus en plus, nous favorisons la « voie supérieure » sur la « voie inférieure », c'est-à-dire le chemin d'altitude, qui fait balcon au-dessus de la vallée, sur celui parallèle à la route et au fleuve. En nous élevant ainsi sur les pentes environnantes, nous découvrons de charmants petits villages de carte postale, où subsistent des traces du passé agricole de ces contrées. Sur les façades des chalets en bois, des trophées de chasse (cerfs, chamois, parfois bouquetins) complètent les jardinières plantées de géraniums, que les habitants ont soin d'abriter sous des parapluies les jours de mauvais temps.

La ville de Brig-Gliss signe pour nous l'entrée d'une vallée plus étroite. Nous la suivons depuis le plateau où des stations de ski (Riederalp, Bettmeralp, Fiescheralp) ont déployé leurs chalets cossus et leurs téléphériques. La météo s'est franchement dégradée depuis l'arrivée en Suisse. Nous avançons dans le brouillard, contre la pluie glacée dont nous craignons qu'elle devienne neige avec le déclin des températures.

Ces mauvaises conditions font fuir les randonneurs qui passent le temps à l'intérieur des cafés, sirotant des cacaos brûlants en guettant l'éclaircie. Nous trouvons refuge une ou deux fois dans ces chalets où nos chaussures crottées, nos vestes lavées de pluie – mais pas nos sacs, laissés dehors – font se nouer quelques sourcils. C'est sûr, ce n'est pas une journée à prendre l'air. Autour de nous, les vacanciers s'occupent en écrivant des cartes postales, ce délassement suranné qui n'a plus beaucoup d'adeptes, sauf, donc, les otages estivaux du mauvais temps. Peut-être le commerce des cartes imprimées se maintient-il grâce aux étés pourris ? Nous sommes sûrement les seuls à arpenter la montagne, et chaque pause – chaque gorgée de chocolat chaud, chaque bouchée de biscuit que nous mâchons presque à l'horizontale, vautrés sur les coussins mous des banquettes – nous menace d'engourdissement définitif. Repartir exige des forces immenses, et de démolir à grands coups de jambes la gangue tiède qui s'est formée autour des corps au repos.

Une journée est à marquer d'une pierre noire : celle où, dix heures durant, trempés jusqu'aux os, nous arpentons une forêt à flanc de montagne. Frôlé par les branches de sapins mouillées, j'ai l'impression de frayer mon chemin au travers des rouleaux en action d'une station de lavage. La quantité d'eau ruisselant sur les arbres défie l'entendement. Celle retenue au sol, soit noyant les herbes, soit remplissant les creux des fondrières, donne l'impression qu'un entonnoir de nuages s'est vidé sur nos têtes. Hélas la pluie n'est pas seule à nous persécuter. Brouillard et boue varient les sévices. Dire que l'humanité envoie des sondes vers des planètes arides, en quête de traces de simple humidité ! Sous un temps pareil, quand la Terre fait figure d'éponge gorgée de toute l'eau du cosmos, on voudrait la presser pour asperger le vide. Mais tel, sans doute, n'est pas l'avis des habitants du Sahel…

À l'approche de notre destination, Münster, le froid s'intensifie et m'inflige une douloureuse onglée. Parvenus peu avant le crépuscule, nous n'avons qu'une hâte : louer une chambre n'importe où et étaler sur les cintres, sur les radiateurs, sur les porte-serviettes nos vêtements gorgés d'humidité. Pour ma part, tant que régnera le mauvais temps, j'ai décidé de marcher en maillot de bain, caché sous un surpantalon en toile imperméable – voilà du moins qui limitera les lessives… Porter un caleçon de piscine préserve de l'inondation mes autres vêtements, rangés bien au sec dans le havresac. Qu'importe l'allure que me donne ce drôle d'accoutrement.

Après Münster, notre objectif de fin d'étape se dessine plus nettement : ce sera le glacier où le Rhône prend sa source, à Gletsch, dans les Alpes uranaises. Un site autrefois très populaire, comme l'attestent le grand hôtel et la gare de train touristique dont dispose le hameau, et auxquels désormais il se réduit. À présent, seules quelques chambres sont louées parmi la centaine, probablement, que compte la bâtisse. Celle que nous occupons, à mi-longueur d'un des interminables couloirs au papier peint défraîchi, cultive une atmosphère Belle Époque très réussie. Fils électriques torsadés, sanitaires rétros, mobilier de brocanteur…

Une photo jaunie punaisée près de la salle de restaurant témoigne du temps qui passe : sur ce vieux cliché, le glacier du Rhône s'épanche au fond de la vallée – il a reculé depuis de plusieurs kilomètres, hors de vue désormais des pensionnaires de l'établissement. Il nous faudra, le lendemain, nous hisser jusqu'à deux mille cinq cents mètres d'altitude pour approcher cette langue de glace que les excursionnistes de l'époque pouvaient aborder sans effort, au volant des premières automobiles.

Le passage brumeux du col de la Furka initie la descente vers Andermatt, destination improvisée de cette troisième étape. Tant la vallée s'allonge, il nous faudra deux jours pour perdre notre altitude et rejoindre cette station de ski en pleine métamorphose, comme l'illustrent la quinzaine de grues bleues hérissant un immense chantier au sud de la ville. Rémi choisit de repartir en auto-stop, sans espérer beaucoup des automobilistes helvètes que nous croyons hostiles aux porteurs de sacs à dos – pourtant, il est pris presque aussitôt. Sophie et moi entamons de notre côté le long périple du retour, par des trains qui nous font remonter, à toute vitesse, les sentiers suivis à pied.

Le voyage s'achève pour moi en avion. Sans mon bâton. J'ai déjà dit la difficulté d'imposer cet instrument à bord. Interdit en cabine où c'est une arme, il n'est guère mieux accueilli en soute : trop long, il contrarie les bagagistes et leurs sacro-saints gabarits. Et s'il enrayait les tapis roulants ? Et s'il se coinçait dans une trappe quelconque ? Non, décidément, les agents des compagnies ne lui font guère de place, à croire que ces suppôts de l'aérien se méfient d'un objet si foncièrement terrien, emblème et attribut du marcheur à pied. Lors d'un précédent voyage, j'ai dû le ficeler à mon sac à dos, et emballer le tout dans une grande poche prévue pour les poussettes ! Cette fois, je tente autre chose : cacher le bâton derrière la cabine téléphonique de la gare d'Andermatt, en espérant qu'on l'y laissera.

Quelle chance ai-je de le retrouver, l'année prochaine ? Sans doute très mince, mais j'aime l'idée qu'il restera ici à m'attendre, et qu'en l'empoignant au départ de la quatrième étape, j'aurai comme aboli les heures, les jours, les mois écoulés dans l'intervalle. Ce bâton, c'est un peu l'aiguille arrêtée de la grande horloge au mouvement de laquelle, nous autres mortels, sommes tous assujettis. Puisse-t-elle ne pas marcher trop vite…

Étape 4

D'Andermatt (Suisse) à Tresenda (Italie)

La troisième étape du tour du monde à pied s'est achevée au cœur des montagnes suisses, dans la petite station alpine d'Andermatt. Avant de reprendre le train, j'ai glissé derrière la cabine téléphonique de la gare ferroviaire mon bâton de marche. Un faible espoir m'animait : celui de saisir le même bâton à mon retour, un an plus tard. Mais cet espoir a été déçu...

Un employé de nettoyage consciencieux – type dont la Suisse n'est pas avare –, sinon un randonneur opportuniste, a déplacé le bâton au cours des douze mois qui ont précédé mon retour en Suisse. Certes, j'étais préparé à cette éventualité. À contrecœur, j'ai fait l'acquisition d'une paire de cannes artificielles, ces tiges télescopiques en métal léger qui équipent désormais la plupart des voyageurs à pied. Il n'empêche : l'absence du bâton, instrument de marche rustique aux nombreuses qualités, est pour moi une déception.

J'aimais sa tiédeur dans ma paume, qu'aucune poignée en caoutchouc ne dispensera jamais. J'aimais les taches, entailles, éraflures et griffures qui s'y marquaient à mon insu, souvenirs de branches et de tiges épineuses qu'il avait écartées de mon chemin. J'aimais qu'il raccourcisse peu à peu, car je ne l'avais pas ferré et laissais le bout frotter à vif les pierres du sentier. J'admirais enfin l'ouvrage que d'autres, plus habiles, sculptaient au couteau sur leur propre bâton, visages humains, serpents lovés, motifs de plumes ou d'écailles, et rêvais d'orner le mien sur ce modèle. La poignée sentait bon la résine : je la fourrais exprès dans les blessures suintantes des pins et des sapins.

Ce bâton, c'est le hasard qui m'en avait pourvu. Il m'attendait, appuyé au mur d'un refuge d'Aubrac, derrière une gouttière. J'ai regardé autour de moi, mais il n'y avait personne à qui il pût appartenir. Quelqu'un l'avait abandonné sans raison, à moins qu'il n'attendît là le promeneur du jour, comme s'offrent les parapluies à l'entrée des hôtels. J'ai marché quelques pas avec lui pour vérifier que sa hauteur s'ajustait à ma taille, qu'il n'était ni trop gros ni trop fin, ni trop raide ni trop souple, bien droit surtout, car rien n'est plus gênant qu'un bâton courbe ou déjeté. Alors, je l'ai adopté, et nous avons marché ensemble le bon millier de kilomètres qui sépare Pampelonne, en France, d'Andermatt, en Suisse.

Quand j'y songe, il m'a été donné comme il m'a été repris. C'était un bâton volage, il préférait passer de main en main plutôt qu'être fidèle à son propriétaire !

Tout de même, sa disparition me navre. Elle suffit à ternir le départ de cette quatrième étape.

Un malheur n'arrivant jamais seul, tout semble aller de travers à Andermatt, ce jour-là. Il y a des raisons d'être inquiet : un brouillard sévère tombé sur la station et la fraîcheur assortie – onze petits degrés, au cœur de l'été –, ma condition de marcheur solitaire – personne n'a pu prendre le départ de l'étape avec moi – et surtout, surtout, un enneigement persistant en altitude contre lequel l'office du tourisme local me met en garde – il est douteux que je parvienne à franchir le premier col sur mon itinéraire, à deux mille six cent trente mètres, faute d'équipement adéquat. C'est même dangereux de tenter seul l'ascension, sans crampons, sans raquettes ni carte imprimée ! L'épaisseur de la couche neigeuse, m'avertit-on, atteint deux mètres au-dessus de la station.

Ces contrariétés retardent mon départ de plusieurs heures, dont j'ignore alors le prix. Après avoir dépensé quelques francs suisses en victuailles pour garnir le sac à dos, je laisse ma petite monnaie sur le coin d'une table de café. Il est midi passé, le temps reste bouché et je n'ai toujours pas attaqué la pente. Enfin, je trouve l'énergie de soulever mon sac à dos. Advienne que pourra…

L'ascension commence bien. Peu de randonneurs, sans doute rebutés par le brouillard – le moins qu'on puisse attendre d'une marche en montagne, c'est un paysage à contempler ! –, mais des vaches tintinnabulantes, des pêcheurs dans le torrent, des cantonniers à pelles et à pioches comme il en erre toujours, l'été, dans les alpages. Je déjeune en chamois, perché sur un rocher, surveillant du coin de l'œil un cumulonimbus dont les flancs poivrés menacent d'arroser mon pique-nique. Après deux heures d'efforts, enfin, le franchissement d'un premier col et l'entrée dans une vallée d'aspect tout à fait hivernal, comme si personne ici n'avait avisé la montagne du changement de saison. Pendant la montée, j'espérais une amélioration du temps : le soleil semblait percer à travers les nuages, de grands pans d'herbe s'ouvraient dans le tapis neigeux. Cette illusion n'est plus.

Ce que j'ai sous les yeux, à l'altitude où normalement paissent les vaches, évoque la haute montagne, domaine des alpinistes chevronnés. Une neige épaisse gomme le paysage, efface les pentes, unifie les rochers ; elle couvre les ruisseaux dont ne subsiste que la voix – rumeur d'écoulement sous mes pieds. La neige, compliquée du brouillard, avale tout repère visuel. Plus de chemin, aucun balisage si l'on excepte quelques cairns (des entassements de pierres) dressés de loin en loin par des mains charitables et qui bientôt, disparaissent à leur tour. Je suis perdu dans le blanc.

Les quatre cents mètres qui restent à gravir jusqu'au col me demanderont cinq heures d'efforts, contre une quarantaine de minutes, si j'avais pu suivre le sentier. À plusieurs reprises, voyant le jour décliner – mais pas le soleil, qui suffoque dans le brouillard –, je songe à rebrousser chemin. Il serait simple – et prudent – de descendre jusqu'au refuge aperçu un peu plus bas, pour tenter une nouvelle ascension demain matin. Mais cette solution serait un recul, et je ne peux m'y résoudre. J'étudie plutôt la possibilité de planter ma tente ici, dans la neige, si la nuit devait me surprendre.

Sur l'écran de mon téléphone, la carte numérique me donne de faux espoirs : le col que je dois franchir y apparaît tout proche, deux centimètres à droite de ma position, pointée par une flèche bleue. Vais-je renoncer si près du but ?

En réalité, je ne suis pas au bout de mes peines. En montagne, marcher « aux instruments » – comme l'on dit d'un avion qui vole sans visibilité –, c'est progresser à l'aveuglette. Certes, j'ai accès à une carte digitale, fiable et assez détaillée, mais mon téléphone dispose d'une autonomie limitée que consomme à toute allure le positionnement GPS. Je commets aussi des erreurs qui retardent considérablement mon ascension. À deux reprises, je m'égare dans une autre vallée, dont je ne peux sortir qu'en gravissant à mains nues une paroi très abrupte, puis un pierrier instable. Pendant l'escalade d'un gros rocher, l'une de mes jambes s'enfonce dans la neige jusqu'à l'aine ; il faut un grand quart d'heure pour m'extraire de là. De loin en loin, je ranime mon portable, déconnecté pour préserver la batterie, et constate qu'au lieu de progresser vers le col, je me suis écarté du sentier vers la droite ou vers la gauche ; c'est désespérant.

Enfin, au terme d'innombrables détours, après quelques frayeurs aussi, j'atteins la passe Bornengo peu avant vingt-deux heures.

Une déchirure dans le brouillard révèle une vallée profonde, sur l'autre versant de la montagne. Un névé assez pentu plonge vers une moraine, en contrebas. Pas le temps d'admirer le paysage. Je sais que le premier village se trouve à des heures de marche, sans certitude d'ailleurs d'y dénicher un toit, alors qu'il me reste vingt minutes de jour, tout au plus, pour atteindre un abri quelconque, au minimum un terrain plat où déployer ma tente. Malgré mes jambes raidies par neuf heures d'ascension, j'allume ma lampe frontale et m'élance d'un bon pas sur la trace.

Dans les dernières lueurs du couchant, j'ai repéré ce qui semble une construction au bord du torrent. De plus près, je reconnais une cabane de chantier, plutôt insolite dans ce décor. Peut-être sous le poids de la neige ou d'un éboulement, le toit s'est effondré, dévastant l'intérieur. Ce doit être récent : dans le chaos des poutrelles métalliques et des panneaux de plastique apparaissent un réchaud, des étagères garnies de victuailles, un lit avec sa couette, une table et des chaises – mais le tout détrempé, inutilisable. En revanche, la remise à outils attenante est en bon état, assez spacieuse pour y dormir. Je choisis d'y passer la nuit.

À l'instant même où je pénètre dans le réduit, la pluie qui menaçait s'abat, drue et froide, sur les tôles qui m'abritent. Il faut dégager le sol encombré d'outils et de sacs de ciment, entasser aussi quelques planches du côté ouvert de la cabane pour préserver mon sommeil de la bise qui souffle des montagnes. En fait de sommeil, je ne prends qu'un peu de repos. Plusieurs fois au cours de la nuit, le bruit d'un rocher qui déboule, un cri lointain d'animal me réveillent en sursaut.

Mes journées de marche diffèrent de mes journées d'écriture, celles qui s'écoulent paisiblement dans ma petite maison, devant mon écran d'ordinateur, sans autres péripéties que la relève intermittente de mon courrier électronique ou la préparation, irrégulière elle aussi, d'une tasse de café sans sucre agrémentée parfois de quartiers de pomme. Même chose pour les nuits. Il est très rare qu'en chemin, je puisse comme chez moi baisser les paupières et les rouvrir, sept heures plus tard, avec la sensation d'avoir repris des forces. Les nuits du tour du monde à pied prolongent l'aventure des journées.

Des rêves les visitent, ou des cauchemars. J'affronte des insomnies grâce au seul livre emporté, un roman ou un récit de voyage, qu'en me couchant j'ai rangé près de ma tête, avec la lampe et la gourde d'eau. Sous la tente règne en général une température incommode, soit trop haute soit trop basse, qui change au fil des heures : cette variation m'impose de m'habiller et me déshabiller souvent. Parfois j'ai commencé la nuit vêtu d'un simple maillot, et l'ai finie enveloppé d'un pull et d'une veste passés l'un sur l'autre. Peu avant l'aube, j'ai entendu un sanglier grogner près de la tente. Juste après minuit, une bourrasque a arraché trois piquets et couché le mât de mon abri. Ou bien c'est la pluie qui s'est infiltrée, une guêpe intruse qui cherche l'issue du piège de toile… Ce sont des nuits affairées, et même remuantes, de grandes histoires pleines de rebondissements que je pourrais narrer, au réveil, comme on raconte la traversée aventureuse d'une jungle à panthères.

Ma première nuit de la quatrième étape, dans la remise à outils d'une cabane de chantier, à deux mille mètres d'altitude, ne manque pas non plus de relief. À l'aube, cependant, le ciel est clair. La récompense des levers matinaux ou des couchers tardifs, c'est de surprendre la faune sauvage invisible au grand soleil. Ce jour-là, c'est un couple de bouquetins que piège l'objectif de mon appareil photo.

Cette nuit bousculée, et la rude marche de la veille, m'ont laissé des courbatures dans tout le corps. Par chance, après une heure de descente sur l'herbe mouillée, à travers des pierriers lardés de neige qui ne portent aucune empreinte humaine, je trouve une piste assez large où j'avance les yeux fermés, dormant debout alors que mes jambes s'activent. Dans cette combe d'altitude, j'ai pour seule compagnie des moutons, dont la présence nombreuse imprègne l'air d'une odeur de suint et de laine chaude. C'est à cause d'eux que l'herbe est si rase, que la terre étoffée de leurs déjections paraît si souple à mon pas. Malgré le soleil, la température reste fraîche. La rivière que je longe est prisonnière d'épaisses arches de neige, empruntées par les bêtes pour passer d'une rive à l'autre.

J'ai prévu de rallier un plan d'eau, le lac Ritom, par des sentiers forestiers. Ma règle : céder le moins possible d'altitude, me maintenir au-dessus de mille mètres en évitant la vallée. Pour le marcheur que je suis, la vallée comporte bien des désagréments. Elle signifie voie goudronnée, stress automobile, enfilade d'hôtels et de stations-service. Certes, on s'y ravitaille, mais j'ai encore un bout de fromage dans mon sac et, à tout prendre, je préfère jeûner que de subir la civilisation. Malheureusement, l'itinéraire élevé que j'ai choisi n'est pas plus commode. En vue déjà du lac, le sentier se fond à la route assez passante qui draine voitures et camions vers la même destination. Passe encore de partager la chaussée avec des autos, si elles ont la place de me doubler. Mais cette route-là est traîtresse, compliquée de tournants et de chicanes. La voie étroite s'enfonce à deux reprises dans de longs tunnels sans éclairage où, me semble-t-il, je risquerais ma peau. Tant pis pour le lac : je reprends la descente.

À mi-pente, je rencontre une pension de famille battant pavillon suisse où tout le monde (patronne, serveuses et clients) manie un italien volubile, en gestes et en paroles. J'ai franchi un col et voilà que l'allemand qu'on parlait sur l'autre versant n'a déjà plus cours ! Effet bien connu des montagnes : tandis qu'en plaine, cultures et langues se propagent et s'étalent, favorisant la constitution de vastes empires, plus haut, dans les vallées d'altitude, l'isolement des communautés induit la prolifération des patois.

Mon acclimatation à ce nouvel idiome se fait vite, et, plus vite encore, j'apprivoise les tarifs en vigueur dans ce nouveau canton. Le menu du restaurant affiche des prix raisonnables, véritable exotisme pour qui descend de Suisse alémanique. Quelques euros suffisent à payer une assiette de cerf et de polenta, qui n'aurait pas été dans mes moyens un jour plus tôt. Il faut en profiter. Je m'accorde un vrai repas chaud et un lit suffisant, dans un dortoir sous les combles.

Le départ a lieu de bon matin, sous le même soleil que la veille, avec des jambes neuves et un cœur ragaillardi. La progression est aisée grâce à l'excellent balisage, lequel, pour une fois, se maintient même à l'intérieur du village en colorant poteaux, pierres d'angle ou boîtes aux lettres de ses bandes rouges et blanches.

Dans mon carnet :

« Les voyageurs à pied considèrent le balisage comme un dû, ils râlent si les repères s'effacent sur deux ou trois cents mètres. Au contraire, il faut savoir gré aux citadins de tolérer ces tatouages disgracieux sur les façades de leurs maisons, comme aux paysans d'accepter le passage des marcheurs sur leurs propriétés.

Il n'est pas de voie réservée au piéton, ou il n'en est plus. Les sentiers ne demeurent au paysage qu'avec l'acquiescement de ceux, agriculteurs, propriétaires terriens, services communaux, qui en disposent légalement. C'est un accord fragile, une permission donnée du bout des lèvres. Il arrive que le paysan désireux d'élargir sa parcelle confisque le chemin, chassant ainsi le randonneur qui l'empruntait. Bien des sentiers ont disparu de la sorte, tranchés net par un projet d'extension des cultures. »

Je n'ai pas pris de petit déjeuner – le service commençait trop tard – et je guette les cafés sur le chemin, à défaut de boulangeries plus rares qu'en France. Hélas, peu de commerces dans les villages que je traverse, et tous fermés. Les Tessinois seraient-ils des lève-tard ? Je sais que l'Italie est proche, non seulement par la géographie, mais par la langue et par les mœurs. De nouveaux signes m'en sont donnés, presque à chaque pas. Certaine façon de pendre le linge aux fenêtres, de parler fort, d'épicer la cuisine dont le fumet s'échappe des fenêtres grandes ouvertes – et même les filles qui embellissent, leurs cheveux qui foncent, leurs lunettes fumées. N'étaient les plaques d'immatriculation, j'oublierais que je suis encore en Suisse.

Après une descente très raide dans la forêt, et la

rencontre d'un chamois qui débuche trois pas devant moi, voici Faido. Aux abords de la gare, dans un quartier sans charme qu'ont bouché les immeubles, de splendides villas Belle Époque paraissent à l'abandon. Je me dresse sur la pointe des pieds, jetant un œil pardessus les haies incultes. L'architecture thermale fin-de-siècle est mon préféré des styles anciens. J'ai la passion des grandes maisons de villégiature construites avant-guerre, où les familles bourgeoises venaient « prendre les eaux » deux ou trois mois par an.

Mais à Faido, on a laissé s'écailler la peinture des hautes façades, une végétation malapprise crever les verrières et déchausser les grilles des jardins. Plus personne, dirait-on, n'habite ces murs. Est-ce le passage continuel des trains qui a chassé les propriétaires, soucieux de calme et de confort ? Il me semble pourtant que j'endurerais volontiers ce désagrément, pour le privilège d'occuper d'aussi belles demeures.

Insensiblement, cédant peu à peu de l'altitude comme un ballon qui fuit, j'ai rejoint la vallée et ses automobiles.

Avantages : se procurer simplement eau et nourriture ; s'attabler parfois à la terrasse des cafés pour une bière, pour une spécialité de pizza qui figure de plus en plus souvent au menu – autre signe que l'Italie approche. Assuré de trouver partout à boire et à manger, on prend le risque d'entamer ses provisions. Le sac s'allège de deux bons kilogrammes. On n'a laissé qu'une ration de survie, un fond de gourde et un sachet de fruits secs dans la poche latérale.

Inconvénients : le bruit, les gaz fétides, l'élagage des voies secondaires et des routes de campagne au profit d'un grand axe qui avale tout le trafic, agglomère les commerces et la vie ; la nuit venue, l'obligation de s'abriter car les abords des villes sont glauques et peu sûrs – mais la gageure de trouver un lit à bon prix !

Des jours durant, je suis la route. Tantôt, c'est une marche atone sous le soleil, ponctuée tous les cinq cents mètres d'une copieuse application de crème pour ne pas rôtir tout vif ; tantôt, un pataugeage sans fin sous la pluie, en cherchant du regard les abris d'autobus, les tunnels, les auvents qui m'accueillent si l'averse forcit. La marche en vallée est monotone. Je passe le temps en relevant dans mon carnet des scènes amusantes. Ici, des filles peu vêtues se photographient dans un square afin, imaginé-je, d'illustrer des annonces égrillardes ; là, un homme effarouche des pigeons au moyen de drapeaux tournoyants ; là encore, de vaillants pieds de vigne dardent leurs bourgeons verts sous un pont d'autoroute.

Il m'arrive de payer une chambre d'hôtel. Mon carnet me fait ressouvenir que, le six juillet au matin, je me suis accordé « un vrai “bain de baignoire”, en feuilletant le Nouveau Testament quadrilingue trouvé dans le tiroir de ma table de chevet ». La veille, j'avais dîné d'un muesli aux fruits rouges, « l'une des rares spécialités helvétiques dignes de mention », devant un documentaire à la télévision : autre détail dont mon journal de marche fait état.

Mon carnet apporte cette amusante réflexion sur lui-même :

« Le premier témoin des étapes du tour du monde à pied, c'est un carnet à couverture cartonnée, à signet et à fermeture élastique où je consigne mes pensées, mais surtout laisse le récit quotidien et daté de mes aventures. Il est de format poche, quatorze centimètres sur neuf, possède une jaquette noire ou beige glacée sous laquelle s'abritent cent quatre-vingt-douze pages de papier sans chlore, lisse au toucher comme à l'écriture.

En moyenne, un carnet digère le compte rendu de quatre étapes, augmenté à la marge – c'est-à-dire dans les derniers feuillets écrits à l'envers – de digressions personnelles, de poésies inachevées, de brouillons de romans ou de films. On y trouve des listes pragmatiques, celles des courses à faire dans la prochaine épicerie. On y relève les noms et les adresses de personnes rencontrées en chemin, des suggestions de livres à lire, de films à voir, de grandes idées pour changer de vie qui rappellent les bonnes résolutions du Nouvel An. Des dessins, aussi, des griffonnages impatients. La matière est dense, la graphie serrée : dans mon dernier carnet, même la pochette intérieure en accordéon est intégralement couverte d'écriture, plis du soufflet compris ; je manquais de place pour raconter une fin d'étape riche en rebondissements.

Il y a beaucoup à lire mais, si l'on y regarde de plus près, rien que de très factuel. Les notes que je rédige scrupuleusement à chaque pause de notre marche, pour en narrer les derniers épisodes, sont d'une grande sobriété et même, avouons-le, d'une aridité désolante. Qu'y trouve-t-on ? Un rappel des événements, quel chemin suivi, quel cap tenu, le nom des villages traversés, s'il faisait chaud ou froid, l'évolution d'une piqûre de taon au genou ou la rencontre d'une pharmacienne que j'ai trouvée jolie.

Là où mon récit prend plus de relief, dans ses péripéties diverses, cela reste assez plat. Rarement s'en dégage une pensée un peu dense, une méditation un peu profonde. Je le déplore, mais le revendique. Pendant la marche, mon esprit se rétracte sur les besoins premiers de mon organisme et leur satisfaction plus ou moins urgente. Manger, boire, s'abriter des intempéries. Voilà qui concentre toute mon attention, qui mobilise toutes mes forces ; sur cela seul, je peux écrire.

Tant pis, alors, si mon récit se traîne à ras de sol. Il n'est pas d'un homme mais de l'animal en lui. »

Ce même six juillet, je reçois un appel de Rémi. Il a décidé de marcher avec moi, et propose de me rejoindre côté italien. Je n'allume mon téléphone qu'une minute ou deux toutes les heures, afin toujours d'épargner la batterie. Une chance que la sonnerie ait retenti lors d'une de ces activations. Une chance aussi que j'aie senti l'appareil vibrer dans ma poche – l'averse s'abat avec une telle fureur que je n'aurais pas entendu son timbre assez discret, s'il avait été dans mon sac. Deux circonstances favorables auxquelles s'ajoute ma présence, à l'instant précis où Rémi appelle, sous une galerie abritée qui me permet de décrocher aussitôt. Une fois de plus, je vérifie les hasards efficaces dont nos vies sont tramées. La réalité joue de coïncidences qu'un scénariste de cinéma n'oserait manier – on l'accuserait d'invraisemblance ; on le blâmerait d'invoquer, par facilité ou pénurie d'invention, d'opportuns anges gardiens.

La pluie s'arrête. Je me remets en route, allégé par la bonne nouvelle de la visite de Rémi. Dix heures plus tard, me voici au pied d'une montagne qui sépare la Suisse de l'Italie. C'est un gros morceau que devront, demain, avaler mes jambes : vingt-huit kilomètres à vol d'oiseau, beaucoup plus quand la pesanteur nous retient sur Terre et qu'il faut, de surcroît, s'acquitter d'un fort dénivelé de mille six cents mètres. Les prévisions météo sont chagrines, le col frontalier assez élevé, je redoute une épreuve comparable au franchissement de la passe Bornengo. Donc : lever de bon matin ; grande nuit de sommeil que j'entame dans une chambre d'auberge, dès vingt et une heures, lesté exprès d'une riche pizza au jambon.

Un soleil timide, fugace peut-être, m'accueille sur le sentier d'Italie. C'est une pente comme je les aime : franche et rude, à la limite d'adhérence des chaussures, qui ne perd pas son temps et notre souffle en lacets inutiles, et par laquelle les mètres sont rapidement gagnés. Je m'arrête pour boire à une fontaine. Un homme qui coupe du bois m'interpelle. Me voici sirotant un café chaud, mouillé de schnaps, sur la terrasse d'une famille suisse qui ne parle qu'italien, mais apprécie ma visite taciturne. Une vieille dame aux yeux pétillants m'informe, à toutes fins utiles, qu'une charmante jeune femme, une *bella ragazza*, me précède de quelques jours sur le même chemin, et qu'en forçant un peu l'allure j'ai quelque chance de la rattraper... En attendant, il s'agit d'atteindre la frontière.

La passe, à près de deux mille mètres, me résiste quelques heures encore, heureusement sans neige ni pluie. Il règne sur les pentes un beau soleil que je sens déjà transalpin. Peu avant le col, une rencontre inattendue : un renard et une marmotte, engagés dans un duel sanglant. Le motif de la rixe doit être sérieux, car ces deux-là luttent avec acharnement, toutes griffes dehors, montrant les dents et râlant affreusement. Le renard bondit autour de la marmotte qui fait face avec courage, défendant peut-être son gîte ou sa progéniture. Autant qu'elle me saisit, la scène me surprend. J'ignorais que ces deux espèces avaient maille à partir et, même, ne me doutais pas qu'elles vivaient en voisinage sur ces alpages herbus.

Tout occupées qu'elles sont à se ronger le museau, les bêtes d'abord ne détectent pas ma présence. Je m'approche et fais quelques images. Enfin, le renard m'aperçoit et file à travers les herbes, à l'instant où la marmotte plonge lestement dans son terrier. C'est sûrement à ce rongeur inoffensif que j'ai sauvé la vie, quoiqu'il ne paraisse pas beaucoup m'en remercier…

Depuis le col frontalier, la vue porte loin sur les montagnes, sur un grand lac en contrebas. Mes premiers regards sur l'Italie bénéficient d'une lumière alchimique, chaude et dorée, qui convertit le rocher en or massif et sème des paillettes précieuses à la surface des eaux. De gros nuages, blancs et gris, passent en vaisseaux indolents dans le ciel. Une pointe de fraîcheur anime le fond de l'air, si bon à respirer.

Je fête en solitaire le troisième pays qu'aborde ce tour du monde à pied, en dégustant de petits chocolats aux éclats de noisettes piochés à l'hôtel.

Mais ce belvédère est trompeur : le lac de Côme semble à portée de main, et j'estime à deux ou trois heures le temps de la descente. En réalité, le sentier peu balisé et mal entretenu, colonisé de ronces et d'herbes hautes, où prospère une faune sauvage parfois intimidante – je croise un sanglier, deux serpents qui fuient sous mes semelles –, se révèle beaucoup plus long. Dans le sous-bois, les taons me harcèlent. Mes pieds me font souffrir, ma gourde sonne creux, ça n'en finit pas. Je songe à planter ma tente n'importe où, en pleine pente. Sinon, je m'abriterai dans une de ces ruines (anciens moulins, vieux greniers, bergeries à l'abandon) qui bordent le chemin. Mais non, il faut tenir !

Il est vingt-trois heures quand j'atteins ma destination. Les rives du lac de Côme baignent dans une atmosphère de villégiature latine. Des familles déambulent sur la promenade que réchauffent les eaux câlines, en léchant des glaces pyramidales aux couleurs panachées. Partout, les terrasses des cafés sont bondées ; d'appétissants fumets de risottos s'échappent des cuisines. Je pars en quête d'un gîte ou d'une auberge – j'ai marché treize heures trente, dont une heure dans la ville. Or, si les restaurants et les cafés champignonnent, personne, semble-t-il, n'a songé à ouvrir ici un hôtel. C'est inouï ! Des policiers que j'aborde me confirment cette anomalie : la première auberge se trouve à cinq kilomètres, difficiles à marcher dans mon état, et qu'il n'est pas question d'avaler en voiture.

Enfin, je déniche un restaurant qui loue de grands studios aux touristes. La plupart sont inoccupés, et l'on accepte de m'en ouvrir un pour la nuit. Le dîner que je m'offre ensuite, à l'heure de fermeture des cuisines, est l'un des meilleurs de toute l'étape. Il suffit d'une pizza à la roquette et d'un grand verre de chianti pour racheter toutes les peines de la journée. Je m'endors dans un grand lit dont, bourgeoisement, j'occupe la diagonale, bras étendus, jambes dures d'avoir tant marché. Cependant, mes chaussettes exhalent une puanteur de brie ; la peau de mes talons est affreusement plissée, comme si j'étais resté plusieurs heures au bain. Honteux, je laisse la fenêtre ouverte pour dissiper ces miasmes.

Le rendez-vous avec Rémi est fixé au lendemain. Je l'attends à la terrasse du café en feuilletant un exemplaire du *Monde* acquis à prix d'or et que, moitié par désœuvrement, moitié pour rentabiliser mon investissement, je dépouille jusqu'aux dernières lignes du supplément. Le journal consommé, j'ouvre mon carnet et trace quelques mots :

« Pourquoi je marche ? D'où vient cette manie d'aligner mes pas sur de grandes distances, couvertes dans des temps très longs, quand l'invention du moteur, voici déjà plus d'un siècle, nous a propulsés dans un âge de vitesse et de facilité ?

Je n'ai pas de raison d'aller à pied. Je n'ai qu'un élan – mais vif, brûlant, irrépressible. C'est comme si, né sur un sol pentu, je ne pouvais garder l'immobilité sans une douloureuse contention des cuisses et des mollets. De fait, mes jambes ne peuvent rester longtemps à l'arrêt. Laissez-moi n'importe où : sur la place d'un village, sous l'auvent d'une station-service, au bord d'un champ de blé, à la lisière d'une zone industrielle. Aussitôt j'irai marcher, impatient d'explorer ce nouveau territoire. Il y a en moi du cartographe, ou plutôt de l'arpenteur, avide d'espace et curieux d'horizons.

À mes yeux, le bout de la rue n'est jamais quelconque – surtout si elle monte et finit suspendue au ciel, encadrant là-haut un lumineux morceau d'azur : serais-je à mille kilomètres des côtes, il me semblera alors que la mer se trouve un pas plus loin, juste derrière ce coteau qui m'en ravit la perspective. Et j'y marcherai, tout droit.

Cette promesse des rues en pente, les cols de montagne,

certains carrefours en forêt la formulent aussi : toujours, l'illusion me possède qu'ils détiennent un trésor, qu'ils ménagent une surprise, qu'il y a quelque chose au-delà. Le plus souvent, bien sûr, il n'y a rien… Qu'importe ! Car, déjà, mon regard s'est projeté plus loin – vers la borne suivante ou le prochain virage du sentier, d'un coup si prometteur, vers où mes jambes m'entraînent fiévreusement. »

Les retrouvailles avec Rémi sont chaleureuses. Le temps d'une bière, nous nous mettons en route vers le nord, pour contourner le lac de Côme et enfiler une vallée bien orientée que j'ai repérée sur la carte. Une corniche en cours d'aménagement nous facilite la tâche. Elle longe de magnifiques villas dont les occupants tolèrent assez bien ce passage sous leurs fenêtres d'une paire de vagabonds aux gros sacs à dos.

Nous passons la nuit dans un camping au bord du lac. Un fin grillage le sépare de l'eau – sauf côté est, celui d'une plage sablonneuse qui prolonge un gazon dru et vert, digne d'un golf de grand standing. La baignade commence sous les grondements du tonnerre et se poursuit sous des trombes de pluie. Les campeurs qui étaient dans l'eau ont le curieux réflexe d'en sortir pour se réfugier dans leurs caravanes. Nous demeurons seuls baigneurs sous l'averse qui forcit, tandis que nos tas de vêtements se mouillent sur la berge. L'eau en furie me coupe la respiration. Je me demande si le lac va déborder, gonflé de toute cette eau excédentaire ; je me demande si la foudre frappant la surface serait pour nous un danger ?

L'orage s'éloigne au cours de la nuit. Dès le petit matin, je m'assieds face au lac pour lire un livre et griffonner quelques notes, illustrées de dessins, dans mon fidèle carnet Moleskine. Un grand ciel lavé couve les eaux tranquilles, dans les tons bleus et verts. Une patrouille de canards caquette gentiment, un couple se baigne dont les mouvements froissent à peine l'image renversée des montagnes. La scène est paisible, et je comprends pourquoi les millionnaires – raisons fiscales mises à part – élisent volontiers les berges des lacs pour y bâtir de somptueuses demeures. Ici, les convulsions de la planète sont amorties, on ne reçoit aucun écho des troubles et des souffrances dont retentit le monde dans les bulletins d'actualités.

Nous nous mettons en route vers le milieu de la matinée. Un peu plus loin, un campement attire nos regards amusés. Les tentes et les caravanes sont disposées selon un strict alignement, occupant chacune un rectangle de terre battue délimité par des haies de buis. Garants des pelouses impeccables, des jardiniers passent derrière leurs tondeuses, avec l'air compassé de majordomes astiquant l'argenterie. Ils portent l'uniforme de l'établissement. Dans ces édens barricadés, les campeurs sont épiés jour et nuit par des caméras de surveillance afin, je suppose, d'empêcher les intrusions. Les campings sont étoilés selon leur niveau de confort, celui-ci doit être hors catégorie.

La vallée où nous entrons est large, ombragée. Une piste cyclable s'y déroule, dont le tracé conforme à notre itinéraire me dispense désormais d'interroger la carte. Durant deux ou trois jours, nous marchons sur la piste aux vélos, nous écartant au passage des pelotons, pique-niquant près du goudron et dressant nos tentes sur les aires de détente – des tables, des bancs, des jeux pour enfants, un foyer en briques, un point d'eau.

Les villages que nous traversons, au prix parfois d'un petit détour, manquent des moindres commodités. Pas de café, de restaurant ni d'épicerie ; on se demande à quoi s'occupent les gens, si les boutiques n'emploient personne ? Il arrive qu'à l'heure des repas, nos provisions comptées au plus juste soient épuisées. Nous voici alors, l'un ou l'autre, partant à l'aventure dans la campagne – vers ce hameau qu'on aperçoit au loin, vers cette route qui semble fréquentée –, en quête d'un morceau de pain ou de fromage. Assez souvent, l'éclaireur rentre bredouille. Il faut beaucoup d'ingéniosité à Rémi pour concocter, malgré tout, avec des fonds de sacs et des bouts de carottes oubliés dans une poche, ses fameux « ragoûts Butagaz » (un féculent, des légumes) qui calment l'appétit à défaut de l'assouvir tout à fait.

Quand nous avons de la chance, apparaît une ferme géante, à l'équipement dernier cri et à l'espace de vente proportionné, dont les étals croulent littéralement sous l'entassement des fromages, des gâteaux, des charcuteries, près de pyramides de bouteilles montées à hauteur d'homme. Descendus de leurs autos, les touristes viennent s'approvisionner à pleins coffres de ces denrées hors de prix, quand nous n'emportons, nous, qu'une ou deux tranches de jambon pour le pique-nique.

Voilà aussi, sur les hauteurs d'une bourgade assez étendue, Sondrio, une jolie place médiévale, pourvue comme il se doit d'un café qui sert boissons chaudes et viennoiseries. Ce sont des lieux où l'on voudrait s'attarder, où se ravive la tentation de l'oisiveté, du *farniente* qui consiste pour nous en « petits noirs » pris les uns derrière les autres. Mais chaque minute assis à la terrasse, à regarder passer les cyclistes et folâtrer les pigeons, accroît ma culpabilité de ne rien faire – autre moteur de ces longues marches, et l'un des plus puissants. J'ai l'œil sur la montre. Debout !

Dans mon carnet :

« Marcher, c'est accompagner le mouvement de la Terre. C'est donc, en quelque façon, entrer dans la danse des corps célestes, s'harmoniser au cosmos. Rester immobile, au contraire, c'est tomber sous le joug de la gravité, laisser peser sur soi les forces de l'univers et les subir passivement.

La complexion des hommes en marche et des hommes à l'arrêt n'est pas la même. Les immobiles, les "assis", rejoignent au fil des ans la forme ronde et tassée des choses conçues pour poser à plat, telles qu'une pendule de cheminée, un vase à fleurs, un petit aquarium. Inversement, les actifs, les "allants", tendent à s'étirer comme tous les objets dessinés pour le mouvement rapide : flèche ou fusée, javelot ou voiture de course.

La marche affine la silhouette non tant par l'énergie qu'elle consomme – dont elle se montre, en fait, très économe : une poignée de cacahuètes suffit à marcher dix kilomètres –, qu'en favorisant l'adaptation du corps à ce genre d'exercice. Quand on réduit sa corpulence, on se déplace plus agilement, il semble aussi qu'on pénètre mieux l'air. Les marcheurs affûtés sont des lames de couteaux qui fendent l'espace sans, dirait-on, éprouver la moindre résistance ni du sol ni de l'atmosphère. »

Pour moi, c'est le terme de l'étape. Papa d'une deuxième petite fille née fin avril, je disposais d'une petite semaine pour pousser de quelques millimètres, sur l'immense planisphère, le tracé du tour du monde à pied. Mon crédit de temps va bientôt s'épuiser. Tant mieux car, depuis la veille, et pour la première fois depuis que j'ai pris le chemin, d'énormes ampoules ont germé sous mes orteils. Elles rendent la marche douloureuse. J'apprécie notre dernier repas ensemble, dans une ferme-auberge des hauteurs de Tresenda, et la nuit réparatrice.

Le lendemain, Rémi m'accompagne à la gare où j'entame un long voyage ferroviaire, en deux jours et cinq étapes, vers mon point de départ. À bientôt, belle Italie !

Étape 5

De Tresenda (Italie) à Venise (Italie)

Pendant la semaine qui précède un départ, la confection du sac à dos n'occupe qu'une ou deux journées : j'ai établi une liste détaillée de son contenu, que je révise régulièrement, et dont les instructions méticuleuses – tout est noté, jusqu'à la répartition des effets par poches et sous-poches – accélèrent grandement la corvée.

Définir l'itinéraire est plus long, et reste assez fastidieux. Souvent, un relief qui paraît anodin sur la carte se révèle une montagne intimidante, dont l'ascension ou le contournement ralentira beaucoup la marche. Il faut compter avec les chemins qui n'existent plus, ceux dont le tracé a dévié, avec les balisages manquants ou sporadiques, bref les erreurs et omissions dont aucune carte n'est exempte.

À tort, les cartes papier passent pour plus fiables, et se revendiquent telles. Cela tient à l'autorité de l'imprimé, au sentiment de sérieux et de pérennité que donne un support consacré par les siècles. En vérité, les cartes digitales conviennent mieux au marcheur. Mises à jour régulièrement, établies en concertation avec leurs usagers, elles se conjuguent au présent, quand les cartes papier se périment dès l'instant où elles sortent des presses. Voilà pourquoi j'ai adopté les secondes et délaisse les premières, malgré mon attachement sentimental aux vieilles cartes en accordéon qui prennent tant de place une fois développées, où l'on cherche si longtemps sa position et qu'il est si difficile, ensuite, de replier dans leur étui…

La veille du départ, je consulte la météo sur le premier tiers du parcours. On annonce de grosses intempéries sur les Alpes italiennes, alors qu'en France, règnent soleil et chaleur. Nous sommes menacés d'une pluie quasi continuelle et de températures assez fraîches, la pire configuration pour un marcheur. Mais la prévision du temps, c'est bien connu, est une science capricieuse… On le déplore souvent, on s'en réjouit parfois. Quand, fourbu par quinze heures de route, je gare ma voiture derrière la gare de Tresenda, il demeure de grands pans de ciel bleu et les nuages, s'ils pèsent bien sur les cimes, ne nouent aux montagnes qu'une écharpe légère, claire et inoffensive.

Nous voici à pied d'œuvre, Rémi et moi. Dix-sept heures trente à ma montre. En altitude, c'est plutôt le moment de chercher un abri que d'entamer une ascension. Pourtant, nous soulevons nos sacs à dos et attaquons vaillamment la montée. Malgré la journée bien avancée, notre objectif semble raisonnable : entrer dans la vallée suspendue qui s'engage, plein est, vers les villages d'Aprica et de San Pietro, ce qui suppose d'escalader un ressaut assez pentu. Le goudron s'élève depuis Tresenda jusqu'à cette vallée, moyennant un détour vers le nord d'environ sept kilomètres. Mais nous boudons la route, préférant, pour gagner du temps, confier nos pas à des sentiers, des chemins vicinaux ou des pistes agricoles.

Ce choix au début paraît le bon. Guidés tantôt par les indications des habitants, tantôt par la rumeur plus ou moins distante des automobiles, nous suivons une diagonale efficace vers le col qui marque l'entrée de la vallée. Hélas, ça ne dure pas. La piste bourbeuse s'interrompt en plein bois, près d'une maison abandonnée. Je consulte mon GPS. Nous sommes près du col, trois cents mètres environ sous sa courbe de niveau. Faire demi-tour ? Pas question ! Il est près de vingt heures, le ciel s'est assombri. Rebrousser chemin, ce serait céder plusieurs kilomètres d'ascension inutile.

Alors, en avant pour l'aventure ! Malgré nos pesants sacs à dos, nous perçons droit à travers les taillis. Il faut s'accrocher aux racines, empoigner des arbres abattus, trouver des prises sur les rochers. Une bêtise, bien sûr. En général, les raccourcis vers le haut ou vers le bas sont à proscrire… Mais notre énergie est intacte, aucune fatigue ne nous entame encore. Ce n'est, pensons-nous, qu'une question d'endurance, c'est-à-dire de patience appliquée à l'effort.

Or, deux obstacles imprévus se dressent bientôt devant nous.

Le premier est un couloir de végétation très dense, épais d'une vingtaine de mètres. Cette zone défrichée pour permettre l'érection de pylônes électriques grouille de ronciers et d'arbustes épineux. Quand on abat les sapins, ce sont des fourrés qui prennent la place. Un mur vert, qu'à défaut de machette, je creuse avec mon bâton. Je porte un bermuda : à chaque pas ou presque, les tiges barbelées me lacèrent ; elles laisseront sur mes chevilles des éraflures cuisantes, très longues à guérir. J'en ai gardé une sainte horreur des acacias, des mûriers et autres plantes griffues, analogues végétaux des bêtes à venin.

Un peu plus haut, nous voici au pied d'un second mur, maçonné celui-là. Il mesure sept bons mètres et permet d'asseoir la route sur la pente très raide. Nous espérions, au débouché de la forêt, prendre pied sur le bitume – c'est raté. Aussi loin qu'on peut voir, amont et aval, la falaise artificielle se prolonge. Escalader ? Impensable. Au hasard, nous partons à droite et, cette fois, la chance nous sourit. Cent mètres plus loin, un escalier de service relie la route au pied de la muraille. C'est le seul que nous verrons.

Sales, fourbus et en sueur, nous nous hissons sur l'espèce d'écharpe goudronnée dont la route enceint la montagne. Le col est proche et le village où nous comptons dormir se dévoile derrière une falaise. Mais avant de l'atteindre, il reste trois kilomètres à marcher sur une route de corniche, étroite et dangereuse. D'un côté, le ravin presque à pic. De l'autre, des bolides qui nous frôlent. Comme souvent en Italie, le piéton est quantité négligeable. Creusée dans le rocher, la voie automobile dédaigne ceux qui vont à pied. Dans certains virages, il faut s'aplatir contre la barrière de sécurité, sous peine d'être épinglé par un pare-chocs recourbé comme un hameçon.

Enfin, le village. Il fait presque nuit et nous forçons l'allure pour trouver un camping, s'il en existe, sinon un terrain remplissant nos critères – modestes, et s'allégeant à mesure que la lumière décline – de campeurs ambulants : un espace plat, proche d'un cours d'eau, un peu à l'écart des habitations. Le terrain de football serait un bon candidat, mais il accueille une fête locale qui enrôle tous les enfants du village : on se court après, on s'accroche des rubans dans le dos ; trop remuant pour nous ! Un peu plus loin, nous repérons un pré convenable. Le temps d'une douche glacée dans le torrent à la lueur de la lampe frontale, et d'une collation rapide éclairée de même, chacun s'allonge sous la tente et goûte enfin au repos.

Le lendemain matin, après le repli rapide du campement, nous entamons une quête qui débutera chacune de nos journées de marche : trouver un café chaud – ou, pour être précis, car nos commandes se répéteront identiques tout au long du voyage, un *cappuccino* pour Rémi, un *doppio espresso* pour moi. Le menu des petits déjeuners, variable quant au solide – car nous l'agrémenterons parfois de brioches sucrées, de salades de fruits ou de yaourts selon l'offre locale –, affichera une remarquable stabilité quant au liquide. Dès notre première terrasse, Rémi optera pour cette spécialité mousseuse qu'il jugera en connaisseur, établissant au fil de la marche un classement des enseignes que nous avons fréquentées, et de leur plus ou moins grande habileté à confectionner sa boisson favorite. Pareillement, je resterai fidèle au double expresso, mon palais français jugeant difficile d'apprivoiser le jus serré, très court, quasi *ristretto*, qu'affectionnent les Italiens.

Cependant, nous procurer l'indispensable fortifiant, quand on a dormi dans la nature, ressemble à une gageure. Nous marchons souvent une heure avant de rencontrer un village et, dans ce village, la buvette assez matinale pour servir des randonneurs dont la journée commence dès le lever du soleil, bien plus tôt que l'ouverture paresseuse des commerces latins.

Plus se fait attendre ce « premier café », si convoité, plus grandit notre impatience et s'altère notre soif. Tant que nous ne l'avons pas savouré, de préférence dehors, au soleil, en feuilletant un livre ou un journal, c'est comme si nous n'étions pas partis. Cependant, il nous tend un piège, d'autant plus redoutable qu'on l'a plus désiré. Le risque est qu'à la fin de la première tasse on en commande une deuxième, flanquée pourquoi pas d'un second croissant, et qu'ainsi, on laisse filer les heures fraîches qui sont les meilleures pour avancer. Nous avons connu de ces matinées gâchées par flemme et par gourmandise : on s'attarde sur une belle terrasse, dans l'ombre d'arcades en pierre ou auprès d'un torrent, à regarder passer le monde – quand enfin on se décide à repartir, il est dix heures, le soleil arde fort et le plaisir qu'on a pris va se payer comptant, en affrontant sac au dos la fournaise de la mi-journée.

Mais nous ne sommes qu'au début de l'étape, nous ignorons la traîtrise du petit noir italien. C'est une vraie volupté de déguster le premier café du voyage à la table d'une gentille gargote, logée dans le tournant de la route très passante qui traverse Aprica. Une fontaine fleurie occupe le coin de l'établissement. J'y remplis mes gourdes à ras bord tandis que Rémi garnit sa « poche à eau » de trois litres, glissée dans son sac à dos, qu'un tuyau souple relie à ses lèvres. Il ne s'arrêtera jamais pour boire, mais s'hydratera régulièrement grâce à ce système que je me promets d'essayer. La patronne et son mari, charmants, nous renseignent sur l'itinéraire à suivre.

Nous enfilons des rues assez pentues qui traversent une station de ski proprette, puis longent les grilles d'hôtels dûment étoilés. Les équipements de sports d'hiver ont transformé le centre du village en villégiature chic mais, l'été, les remonte-pentes et les tire-fesses à l'arrêt paraissent aussi désœuvrés que leur clientèle, dont les berlines immatriculées en Suisse ou en Allemagne stationnent sur des terrains quasi déserts.

Enfin, voici l'extrémité du village et, s'enfonçant dans la forêt après les dernières maisons, un sentier frais et ombragé qui longe la vallée. C'est un chemin comme on les rêve : sans jamais quitter les arbres ni dévier de la route dont il suit la direction, il exploite utilement le relief, ménageant de courtes montées et d'aussi courtes descentes. Nous avons l'impression d'évoluer toujours à plat. Plus loin, une carrière a ouvert une tranchée vive dans la montagne. Personne ne s'est soucié de rétablir le balisage de l'autre côté, et nous perdons un temps précieux à chercher l'endroit où les deux extrémités du sentier se raboutent.

Dès la mi-juillet, la canicule qui règne sur le pays, alors pire qu'en France, modèle nos journées de marche. Les conditions sont telles que nous ne trouvons plus la force d'avancer après treize heures : c'est le moment où, suffoquant de chaleur, à demi éblouis, titubant sous le poids décuplé de nos sacs à dos, nous cherchons une pizzeria tolérante où nous attabler jusqu'à seize ou dix-sept heures. En général, les restaurateurs ont pitié. Ils nous laissent somnoler sur nos chaises, la tête posée sur nos bras repliés. Nos étapes se déploient donc sur une grande matinée et une courte soirée. L'après-midi nous impose son couvre-feu torride. Ce ne serait pas seulement désagréable de cheminer en plein cagnard, ce serait contre-productif : notre moyenne chuterait de moitié, et nous userions nos forces à grappiller quelques kilomètres.

Ce jour-là, c'est une brasserie de centre-ville où nous commandons un déjeuner. Une fête se prépare. On monte une scène, on accroche des ballons, on installe une rôtissoire ambulante, on nappe de papier des tables dressées dehors. Nous suivons ce branle-bas avec l'œil atone des digestions. Mais après deux cafés, il faut déjà repartir. Comme c'est dur de quitter sa chaise, de hisser son sac à dos et de mouvoir ses jambes ! Les miennes sont deux poteaux brûlants d'acide lactique qu'un plaisantin m'a vissés aux hanches. Rémi n'est guère plus vaillant. Une courte montée brise notre élan. Impossible d'aller plus loin. Nous nous effondrons dans un pré sans clôture, trouvant à peine la force de dérouler nos tapis de sol. En temps normal, les mouches et les fourmis m'interdisent le repos. Pour vraiment dormir, j'ai besoin d'un lit et d'un sol cimenté. Cette fois, la sieste a les contours d'un puits où je saute à deux pieds. Je n'ai qu'à rapprocher mes paupières : le monde s'évanouit pour toute une heure.

Trouver un banc pour la sieste, dénicher un carré d'herbe pour la nuit : même défi. Favorisés par la météo du premier au dernier jour, nous n'avons presque jamais, au cours de cette étape, dormi en pension ou au camping. Nos tentes légères se montaient n'importe où.

Mais en montagne, le critère d'horizontalité déjà mentionné se révèle exigeant. À sillonner les vallées alpines, on comprend vite qu'un terrain plat est aussi convoité qu'en centre-ville, une surface constructible. Il l'est par le bétail, qui s'y couche volontiers et s'en laisse difficilement chasser. Il l'est tout autant par nos congénères. Là où la pente est nulle, là encore où elle est faible, s'établissent en priorité les routes, les commerces, les immeubles d'habitation. On n'abandonne à la nature sauvage, donc aux campeurs, que les champs très inclinés.

Une exception à cette règle : les aires de jeux ou de pique-nique. Idéales pour le bivouac, si l'on ose s'en servir. Dès notre deuxième nuit, à l'heure avancée où se retirent les pêcheurs et les promeneurs de chiens, nous occupons l'une de ces aires, moi sous la tente, Rémi à même une couverture de survie étalée sur l'herbe, car il souhaite relever ce nouveau défi : dormir partout sans abri.

Rémi et moi suivons un modèle, dans cette aventure à pied. Un modèle de courage, d'endurance, de sobriété, d'abnégation dans l'effort ; une puissance tutélaire que nous invoquons dans les moments difficiles, pour nous faire honte de nos petites misères, mais aussi quand nous avançons vite et bien, croyant alors nous en montrer dignes. Cette figure d'autorité, rude et paternelle, ce héros devenu avec le temps comme la mascotte intransigeante de notre marche, c'est Mike Horn, l'aventurier sud-africain.

Auteur d'un tour du globe par l'équateur, à pied et à vélo, puis d'un second par le cercle polaire arctique, conquérant de sommets himalayens, Mike Horn est un géant dans l'ombre duquel nous grouillons, nous, créatures insignifiantes, avec nos pansements anti-ampoules et nos légers sacs à dos... Que partagerions-nous avec ce colosse qui naguère, pour garder la forme, s'ébattait torse nu sur la banquise, enchaîné à des pneus de camion ?

À nos yeux, Mike tient davantage d'un dieu que d'un frère humain. Nous prononçons son nom vingt fois par jour. Nous sollicitons fictivement son avis dans les décisions graves, en tâchant d'imaginer ce qu'il aurait fait, à notre place. Le plus souvent, Mike se montre dur avec nous. Il nous traite de « petites fiottes », il moque nos succès et raille nos souffrances ; il nous humilie.

Bien sûr, le vrai Mike Horn ignore que nous marchons sous sa tutelle. Chaque année, je songe à lui écrire, dans ce village suisse où il réside, afin qu'il sache combien son exemple nous inspire et combien, à la fois, notre marche nous paraît dérisoire auprès de ses expéditions. Chaque année pourtant, je m'abstiens, craignant peut-être qu'il m'éconduise ou me traite de haut. Moi-même, ferais-je bon accueil au marcheur du dimanche, s'il me contait ses cent pas vers la boulangerie du quartier ? Chacun ses cultes, chacun ses dédains.

Au début de mon parcours, j'ai fait la connaissance d'un jeune ingénieur qui voyageait à la dure. Presque aussi fort que Mike Horn. Depuis trois mois, parti d'Europe centrale, il cheminait sur les sentiers pourvu pour tout bagage d'un change et d'un duvet. Le soir venu, il déroulait son sarcophage n'importe où, dans un champ, dans un bois, sur le bord du chemin, quel que fût aussi le temps – et même sous une pluie battante. Il revendiquait cette aptitude à trouver le sommeil en toutes circonstances, par l'effet combiné d'une saine fatigue et d'une solide endurance. Chapeau bas !

Retour en Italie, sur notre petite marche à nous. Nos premières journées, assez tranquilles, nous donnent l'illusion d'avancer vite. Nous rêvons d'atteindre la Slovénie par les montagnes et, à ce moment de notre progression, ça semble encore possible. Mais les renseignements que nous prenons à Ponte di Legno, station d'altitude étalée au pied d'un puissant massif, anéantissent cet espoir.

J'avais présumé de nos forces, ou plutôt de la météo, en espérant franchir un col élevé (trois mille mètres) qui nous rapprochait de la vallée de Trente. Hélas, le printemps a été exécrable, ici comme ailleurs, et la neige est tombée en abondance ; elle gomme les chemins, brouille les repères, bouche les accès. Des appels passés depuis l'office du tourisme aux refuges d'altitude confirment cet empêchement : impossible de passer sans équipement adéquat, au minimum crampons et cordes.

La mort dans l'âme, nous devons renoncer à ce raccourci. La seule autre option, c'est d'encercler la montagne : un détour de près de quatre-vingts kilomètres par les vallées. Terrible sentence. Un peu sonnés, nous paressons au bar qui jouxte l'office du tourisme, à siroter des cafés froids en suivant le Tour de France sur un écran de télévision.

Les abords de Ponte di Legno sont déserts : des alpages herbeux striés des câbles des remontées mécaniques ; des pistes damées où doivent glisser les skieurs, en saison ; quelques bandes de forêt. Ce sont de vraies mutilations que la montagne d'hiver inflige à la montagne d'été. On voudrait que ces cabines, ces poulies géantes, ces gros poteaux d'aluminium, et même le balisage coloré du ski de fond, soient retirés à la fonte des neiges, pour rendre aux herbages leur aspect naturel.

Trouverons-nous où planter nos tentes ? Nous trouvons. Un replat humide et fleuri près d'un torrent. La terre est ravagée par les sabots des vaches au pâturage. Nous foulons les herbes hautes et remuons quelques cailloux, de quoi ménager deux emplacements pour nos toiles. Je prendrai mon bain dans l'écume à douze degrés ; il régnera un bon quatorze à l'intérieur des tentes, jusqu'au petit jour. Partout où nous campons, j'accroche mon thermomètre. L'évolution des températures, les modestes records qu'elles atteignent au plus chaud du jour ou au plus froid de la nuit, excitent depuis toujours ma curiosité.

Ce sera le bivouac le plus élevé du parcours, autour de mille sept cents mètres. Le coucher de soleil est superbe malgré l'accompagnement disgracieux de dizaines d'aboiements. Les pensionnaires d'un chenil voisin hurlent à la mort tandis que l'ombre gagne la vallée. Face à nous, une impressionnante levée de montagnes, aux cimes reliées par des passes très hautes comme si, poings bandés contre l'adversaire, elles refusaient de baisser la garde. Une autre image me vient : celle du linge pincé sur la corde. Pas sûr, en effet, que nous aurions pu franchir ce mur, lestés de nos gros sacs à dos.

Au-dessus de Ponte di Legno s'ouvre un col assez large, le *Passo del Tonale*, fendu en deux par la route. Des commerces hors saison (vendeurs de journaux, loueurs de skis, brasseries) se déploient de part et d'autre du goudron. Nous sommes les premiers clients d'un café dont le percolateur vient d'être allumé ; les premiers hôtes aussi de la terrasse, dont nous choisissons la moitié au soleil, à la fois pour nous réchauffer et sécher nos lessives de la veille. À peu près chaque minute, je déplace mes chaussettes humides, rejointes par l'ombre tournante du bâtiment. Rémi, pour sa part, n'hésite pas à suspendre son maillot ou ses caleçons trempés à l'arrière du sac à dos.

Une longue descente à travers la forêt, par une vallée que les sommets côtoyés la veille dominent superbement, nous conduit à la petite ville d'Ossana. J'ai arraché ma deuxième tique, minuscule, sans doute attrapée dans les hautes herbes. Notre progression aujourd'hui est aveugle : la batterie de mon téléphone GPS s'est vidée malgré l'appui d'un chargeur solaire. Nous devons nous fier au balisage intermittent, sinon à l'orientation du relief et aux indications de promeneurs rencontrés en chemin, qui disposent eux de cartes imprimées.

L'un d'eux me questionne sur l'objectif de notre marche. J'ai de l'embarras à répondre. Il n'est pas simple d'annoncer qu'on fait le tour du monde à pied, surtout, bien sûr, quand on commence à peine.

Dans mon carnet :

> « Ce tour du monde à pied, l'écusson bleu sur la calotte de mon chapeau le proclame en deux langues : le français qui l'annonce à mes compatriotes et l'anglais qui, crânement, en avise les autres habitants de la planète. Deux publics exigeants. Mon entourage jugera sur pièces, c'est-à-dire sur mon assiduité à réaliser ce projet dont j'ai fait autour de moi l'imprudente publicité. Les autres fonderont leur opinion d'une nouvelle tête sur cette réclame présomptueuse. Coiffer cet insigne d'une prouesse à venir, c'est un peu comme, pour un sauteur à la perche, arborer une médaille qu'il espère conquérir : ça demande beaucoup d'aplomb, et une certaine désinvolture.
>
> Certes, chaque pas dans la bonne direction ajoutera à mon crédit de marcheur. L'aventure qui n'est au départ qu'une prétention vide prendra corps à mesure que j'avance. Mais je sais qu'avant l'entrée en Ukraine et

l'échappée hors d'Europe, trois mille kilomètres plus à l'est, personne n'y croira. L'écart est grand de l'idée au fait, de la théorie à la pratique, du pointillé du crayon au tracé du feutre qui marque le chemin accompli.

En quelques occasions, je l'avoue, ce chapeau et son écusson bravache pèseront lourd sur ma tête. Parfois je l'escamoterai, tournant le chapeau de façon à masquer la cocarde. Ou bien, je réduirai exprès la portée de mes pas. Au lieu d'un tour du monde à pied, j'afficherai une ambition plus modeste : transeuropéenne, franchissement des Alpes, traversée de la France, selon l'étape en cours et le chemin déjà accompli. Il m'arrivera de répondre par le nom d'un refuge ou d'un col à trois heures de marche, que j'aurai lu sur un panneau – "Vous allez là-bas ? Mais alors, pourquoi ce gros sac sur vos épaules ?" Un mensonge, c'est toujours une complication. »

La vallée que nous remontons compte peu de villages – et dans celui de Vermiglio où nous faisons halte parce qu'il paraît plus grand, aucune pizzeria. En vain, j'escalade les rues très raides jusqu'à la place de l'église. Les riverains semblent ignorer ce fondement de l'hospitalité latine qui consiste à toujours prévoir une pizzeria ouverte sur notre passage.

Mais nous nous ferons justice, le soir même : près du camping où nous dressons nos tentes, un restaurant aménagé sous les voûtes d'un donjon médiéval propose de succulentes spécialités, que nous arroserons d'un vin blanc pétillant du pays. C'est la première fois que je m'étends éméché sous une tente, et je peux témoigner qu'une certaine imprégnation d'alcool favorise le sommeil en toutes circonstances : alors qu'en général, mes nuits sous toile sont difficiles et morcelées, cette fois je dormirai jusqu'au matin.

Ossana forme un pivot sur notre itinéraire puisque nous quittons une grande vallée alpine, encore très sauvage, pour une autre déjà civilisée. Cela signifie abandonner les sentiers poudreux et le crissement des pommes de pin sous nos chaussures pour les pistes à vélo, droites et peu ombragées, qu'il faut partager avec les pelotons bariolés des cyclistes.

Sur ces rubans de goudron souvent monotones, on progresse bien mais l'on s'ennuie. C'est l'occasion de faire un peu de vitesse, inspirés par les machines qui nous dépassent à toute allure. Quand la piste se déploie à perte de vue, j'étends mes foulées, j'adopte le déhanchement forcé des « marcheurs nordiques ». Hélas, même au pic de l'effort, mon allure doit culminer à six ou sept kilomètres à l'heure, soit une petite fraction des moyennes que réalisent les chevaucheurs de bicyclettes.

En Italie, le vélo est roi ou, pourrait-on dire, la « petite reine » est deux fois couronnée. Je n'ai vu nulle part de cyclistes aussi rageurs, lancés dès sept heures du matin dans des sprints fiévreux, debout sur la selle, leurs cuisses tannées par le soleil jaillissant de shorts aux couleurs de sponsors. Ils ne lâchent le guidon que pour téléphoner ou taper des textos, une passion autochtone.

Un champion même pas essoufflé a une conversation dans un tournant, au départ d'une côte sévère, le téléphone appuyé à l'oreille. C'est une prouesse que je ne pourrais égaler, même en marchant !

Mais la particularité locale qui m'a le plus saisi est ce goût immodéré des Italiens pour le soleil. Difficile pour un Français d'accorder les discours que lui tiennent les autorités sanitaires (« méfiez-vous du soleil », « le soleil est mauvais pour la peau », « pas de plage aux heures chaudes », etc.) et ce qu'il voit, l'été, sitôt franchie la frontière sud-est de son pays.

La chaleur culmine pendant notre halte à Dimaro, la dernière avant d'aborder les Dolomites de Brenta. Il fait trente-six degrés sous le store du restaurant où nous déjeunons et ma tête dodeline, alourdie de fatigue. Même le chargeur photovoltaïque que j'ai branché à mon téléphone et qui, comme il se doit, fait face au soleil ardent, paraît mal en point. Le plastique est brûlant, et un fil de fumée sort par intervalles des jointures de l'appareil ; je crains une combustion spontanée ! Or, de l'autre côté de la rue, un retraité torse nu est assis sur un banc, en pleine lumière, dos à un mur clair qui réfléchit intensément les rayons. C'est pour moi une vision de torture. Je crois qu'à sa place, je courrais me réfugier à l'ombre, tel un brûlé qui veut plonger dans l'eau. Lui n'a pas l'air de souffrir. Il devise tranquillement avec d'autres octogénaires, tout aussi boucanés, que j'imagine ses partenaires à la belote ou, qui sait ? ses compagnons d'équipées cyclistes. Nous ne sommes pas tous égaux face à la canicule.

Depuis Dimaro jusqu'aux Dolomites se déploie une vallée qui est le pendant ascendant de celle suivie jusqu'à Ossana. La forêt très dense ne permet pas d'installer une tente, c'est plutôt un hamac qu'il faudrait. Nous n'avons d'autre choix que d'avaler d'une traite les quinze kilomètres et l'important dénivelé jusqu'au plateau où nous pensons camper. Mais le jour baisse déjà, rien ne nous assure d'y être avant la nuit. Beaucoup plus tard, la rencontre d'un panneau situant notre objectif à encore huit kilomètres et cinq heures de marche nous fiche un coup. Or, le panneau s'adresse aux paresseux. Nous avalons la montée à toutes jambes et touchons au but hors d'haleine, en seulement cent cinq minutes.

Lors de ces longues étapes, la même erreur est répétée. Elle consiste à croire qu'une espérance d'abri pour la nuit, ou de source d'eau potable, ou de fromage vendu au seuil d'une bergerie, se réalisera nécessairement, parce que nous méritons tout cela – autrement dit, qu'il règne en montagne une haute justice châtiant les vilains touristes venus en voiture, et gratifiant les randonneurs montés sur leurs jambes. En réalité, cette justice n'a pas cours. Quand nous découvrons, entre chien et loup, le plateau assez élevé vers lequel tendaient nos pas, nous n'y trouvons rien de ce que nous attendions.

Aucun point de vue : les nuages, si discrets depuis notre départ, commencent d'affluer dans le ciel. Noirs, rampants, ils menacent d'un orage imminent ceux qui se trouvent dehors. Ils nous cachent aussi les Dolomites dont perce, à la faveur de trouées, la dentelure minérale. Aucun ravitaillement : au lieu du hameau promis par la carte, une étable et ses dépendances. Les propriétaires sont invisibles.

Mais surtout, il n'y a pas d'eau. Le plateau apparaît férocement sec, sans le moindre ruisselet où nous laver et refaire nos réserves de boisson. Un hôtel borde la forêt, flanqué d'un parcours de golf : son étang décoratif est la seule source d'humidité alentour. J'ai si soif que j'envisage gravement d'y plonger ma gourde. Pendant quelques secondes, halluciné, j'étudie le moyen de franchir la clôture qui entoure l'espace gazonné, réfléchis au temps qu'il me faudrait pour courir jusqu'au bassin, y remplir une ou deux bouteilles, m'échapper sous les cris des gardiens… Ce sont de drôles d'idées qu'engendre la fatigue.

Un peu plus loin, nous dénichons une auberge au départ d'un téléphérique. La nuit est tombée, il n'y a pas à hésiter : nous prenons une chambre. C'est une volupté sans nom de se doucher après cette longue ascension. De boire, aussi. Boire tout son soûl au robinet de la cuisine, en narguant l'autre Olivier qui, dans un univers parallèle, est resté dehors à sucer les mousses. Je fais ma lessive dans le lavabo de la salle de bains, puis l'accroche sur le fil que Rémi a tendu à travers la chambre. Un sèche-cheveux accélère l'essorage des vêtements les plus épais.

Mon compagnon de marche est une espèce d'araignée qui tisse sa toile de corde élastique partout où nous établissons nos campements, dedans comme dehors. Ainsi, les chambres les plus sobres prennent-elles rapidement tournure de bivouacs en forêt : des maillots, des pulls, des sous-vêtements pendent au-dessus des têtes, confisquent aussi les poignées des portes et des fenêtres, les dossiers des chaises ; tandis qu'on voit au sol un désordre d'un autre genre, à base de sacs plastique versés sur le plancher. Nos sacs à dos sont vidés presque entièrement tous les jours. C'est du reste inévitable quand nous plantons la tente, ladite tente se logeant tout au fond du mien pour mieux répartir le poids.

Le lendemain, Rémi, qui souffre d'une cheville, prend le téléphérique. Pour ma part, j'ai gardé assez de forces pour m'élever à pied jusqu'au refuge de Grostè, cinq cents mètres plus haut. La clientèle du refuge, c'est manifeste, se recrute parmi les passagers des télécabines. Un groupe de jeunes Américains braillards pianotent sur leur téléphone, assis sur de grosses valises à roulettes étiquetées comme s'ils descendaient d'avion. D'autres visiteurs, à l'aspect trompeur de montagnards, portant cordes et piolets, s'entassent dans l'ascenseur pour monter un étage et s'accouder au bar… Vite, nous quittons ce repaire de vacanciers et gagnons les sentiers.

Le refuge se situe en contrebas du col de Grostè que

nous franchissons à travers un névé. De l'autre côté s'étend un vaste plateau pierreux dont la traversée facile, mi-ombre mi-soleil, nous demande quelques heures. C'est à cette altitude, autour de deux mille cinq cents mètres, que commence pour moi la vraie montagne. Le minéral y règne, dans son austère majesté sertie de fourrures neigeuses et de cristaux glacés. La faune s'y montre discrète et craintive. La flore, à ras de sol, cramponnée contre le vent, se réduit à des touffes d'herbe et à quelques floraisons, rares mais superbes : gentianes, crocus, perce-neige. La terre est elle-même en sursis. Fine couche sur le rocher, elle fleure bon le crottin de mouton dont elle est le cumul.

Dans ces hautes régions, un ciel mélangé est préférable à un grand bleu, car nous sommes à la hauteur des nues et croyons parfois les chevaucher. Je l'écris dans mon carnet :

> « Nous n'avons des nuages qu'une connaissance visuelle, et mentale, par la faculté d'imagination qu'ils éveillent. Que sentent-ils ? Sont-ils chauds ou froids ? Peut-on les palper ? Pour le ciel, ils sont un nécessaire assaisonnement ; je trouve fade un ciel bleu. Ce sont aussi d'utiles animateurs de perspectives, créant des plans, creusant des profondeurs, panachant les sommets et toutes les aspérités auxquelles ils s'accrochent. Enfin, diluant les couleurs apportées par le soleil. »

Cependant, l'aridité des Dolomites continue de nous poser problème. Nulle part d'eau qui coule. Même la neige, dont il subsiste des bancs ici et là, est avare de son humidité ; elle fond sans ruisseler. Or, nos gourdes sonnent creux. J'en remplis une, à la sauvette, dans une bergerie isolée dont les occupants se chamaillent, pendant qu'ils ont le dos tourné. Drôle de fric-frac et drôle de butin : de l'eau qui clapote au fond d'une bouteille. Hélas, elle n'étanche pas ma soif qui s'aggrave, pas après pas.

Interminable descente vers la vallée. Les ruisseaux dessinés sur ma carte sont tous à sec, et même la grande auge, surmontée d'un robinet, que nous dénichons au pied d'une falaise ne recueille que quelques gouttes, à peine de quoi remplir le creux d'une main en la laissant dessous. Où sont les torrents, les cascades ? Les grands lacs d'altitude ?

Finalement, nous n'aurons de l'eau en abondance qu'à sept heures du soir. Un gros robinet derrière une église, près d'un cimetière enclos. Je bois si goulûment que j'en ai la nausée. Un bonheur ne venant jamais seul, une poubelle à l'arrière du bâtiment avale mon sac de déchets, que je traînais depuis deux jours. Il y a aussi de grands arrosoirs grâce auxquels, dans un champ voisin, je prends une douche rustique mais suffisante.

Depuis le passage du col de Grostè, nous avons perdu beaucoup d'altitude et continuons, le lendemain, cette plongée vers la touffeur de la vallée. Avant-hier, nous foulions la neige au voisinage des cimes. Nous voici désormais longeant, sur des kilomètres, les canaux d'irrigation qui alimentent vergers et vignes bleutées par les aspersions de sulfate.

De nouveau, la chaleur est intense et revêt l'ombre la plus maigre, celle d'un arbre ou d'un poteau, étalée sur la piste, d'une séduction irrésistible. Sous le cagnard, marcher consiste en cela : forcer l'allure jusqu'à la prochaine tache d'ombre, y ôter mon chapeau en ralentissant le pas, puis quand reparaît le soleil coiffer mon chapeau et étendre mes foulées, ainsi de suite pendant des heures… À l'approche de Trente, la piste goudronnée va de conserve avec l'autoroute. Un simple grillage nous sépare des voitures lancées à pleine vitesse et du torrent trouble des pollutions. C'est peu dire que je regrette les sentiers montagnards.

En ville, nous louons deux lits superposés dans une auberge, près de la gare. C'est notre première soirée de détente, à savourer des glaces italiennes élégamment torsadées, sur la place de Trente qu'encadrent des bâtiments renaissants aux façades peintes. Au milieu des vacanciers qui se prélassent, nous ressemblons à des forestiers ; d'ailleurs tout ici nous semble trop délicat, trop propre. Même le cornet de glace s'effrite entre mes doigts ; il n'a pas la densité du bâton que j'empoigne en marchant. Je me fais la réflexion que quelques jours en pleine nature suffisent à ranimer des instincts qu'on croyait assoupis. Le vernis qui fait de nous des citadins est mince, plus qu'on ne pense. Le nôtre a commencé de s'écailler sous le frottement rugueux des pierres du chemin.

Nous avons abordé la vallée de Trente par le versant ouest et la quittons par le versant est. Une montée en grande partie urbaine nous mène rapidement au bord d'un petit lac, qu'une forêt très dense enserre de tous côtés. Les rives sont difficiles d'accès. Je repère toutefois des voitures garées sur le bas-côté et des pique-niqueurs se faufilant sous les arbres. Nous les suivons vers un petit paradis : un cap sableux s'enfonçant dans une eau vert émeraude, un banc de planches, quelques canots retournés, une plage miniature d'à peine trois mètres de large où, hélas, une famille italienne assez bruyante a déployé des serviettes de bain. Mais l'endroit est si beau que nous leur pardonnons. Après un sandwich, je m'accorde quelques brasses ; j'ai l'impression que mes mains fendent une coulée de laque. Souvenirs d'autres pays et d'autres nages, en particulier d'un fjord néo-zélandais dont le paysage ressemblait à celui-ci.

La marche reprend vers Levico Terme, station balnéaire à l'autre extrémité du plan d'eau. Les hôtels sont hors de prix et le camping lui-même, à des kilomètres de là, séparé de la ville par une lagune, loue très cher ses emplacements. Cet immense terrain grouille d'estivants hollandais dont les tentes familiales d'une quinzaine de mètres carrés, à chambres divises et double auvent abrité, sont bien plus robustes que les nôtres. Voilà pourquoi elles traversent sans dégâts l'orage qui survient en début de soirée, tandis que ma pauvre canadienne est rapidement couchée par les rafales – étendu à l'intérieur, je dois plier les genoux qui font office de piquets et dictent un semblant de verticalité à la toile. Quant à la tente de Rémi, elle n'a pas de double toit : il fait aussi mouillé dedans que dehors. Heureusement, un animateur pseudo-cubain donne un cours de salsa tonitruant au bar du camping, à un jet de canette de nos abris. De quoi nous consoler de ce désastre. Le lendemain il fera beau, et nos tentes étalées dans un champ sécheront en moins d'une heure.

Un choix s'offre à nous, à ce point de la randonnée : soit poursuivre plein est, à travers les montagnes, et terminer l'étape dans la moitié orientale des Alpes italiennes ; soit continuer la vallée dans laquelle nous sommes entrés après Levico Terme, en bifurquant vers le sud et vers la plaine du Pô. La cheville de Rémi le fait toujours souffrir, et nous croyons plus sage d'aller sur un terrain plat. Dès lors, notre nouvel objectif s'appelle Venise et la mer Adriatique.

L'itinéraire est d'une grande simplicité, mais tient un peu à l'étroit dans les six jours qui nous restent : il s'agit d'atteindre Bassano del Grappa, au débouché de la vallée, puis de suivre la rivière Brenta à travers la plaine du Pô, enfin de prendre un cap sud-est qui nous conduira jusqu'à Mestre, dernière étape continentale avant la presqu'île vénitienne.

Ce plan, nous le réaliserons pourtant sans incident, au prix d'étapes plus longues et de nuits tout-terrain. Sauf les abords immédiats de la rivière, remblais caillouteux laissés aux pêcheurs, la plaine appartient aux cultures et aux habitations, prises dans le maillage serré des voies automobiles. Plus nous progressons vers le sud, moins nous trouvons d'endroits où camper. La liberté dont nous jouissions en altitude n'est plus qu'un souvenir. Dans les rues des villes, nos silhouettes bossuées par le sac à dos s'attachent des regards sans aménité.

Le voyage finit dans une chambre sordide près de la gare de Mestre, matelas mou, linoléum crasseux, ventilateurs brassant vainement l'air chaud – mais aussi à la terrasse du *caffee Florian* fondé en 1720, une antiquité vénitienne où l'on sert des tasses parmi les plus goûteuses de la péninsule.

Le meilleur café, et la pire chambre. Ce contraste, somme toute, est à l'image des étapes italiennes de notre marche.

Étape 6

De Venise (Italie) à Dubrava Križovljanska (Croatie)

Depuis quatre ans et six étapes, mes compagnons de marche et moi-même poursuivons ce tour du monde à pied – sans doute l'un des plus lents, mais aussi des plus persévérants jamais entrepris ! Et, depuis quatre ans, ce sont les mêmes émotions qui m'étreignent au moment du départ : jubilation d'être en mouvement, sentiment d'avoir rompu les amarres et ouvert mon horizon. En un mot, c'est la liberté dont je prends une grande bouffée, en soulevant mon sac à dos qui patientait à la cave.

Les premiers mètres, toutefois, sont ceux qui coûtent le plus. Même si, pendant l'année, je boucle des tours de villes pour garder la forme et assouvir ma faim d'espace, je commence l'étape un peu gras, six ou huit kilogrammes de trop, en piètre condition physique. Mon corps s'est ramolli par excès de confort. La chaleur, le froid, les courbatures, la soif, le soleil qui rôtit sans pitié un bras laissé nu, la sueur qui ruisselle sous mes paupières, etc. sont des sensations oubliées qu'il va falloir, hélas, apprivoiser de neuf.

Voilà pourquoi, ce 2 juillet 2014, dans un café face à

la gare de Mestre, Rémi, Romain et moi commandons plusieurs boissons d'affilée. L'intention, limpide, est de retarder le moment du vrai départ. C'est du reste un mauvais calcul car la matinée est déjà mûre, le soleil déjà haut. Chaque minute qui passe crée des conditions plus sévères à la vingtaine de kilomètres à pied qu'il faudra couvrir aujourd'hui.

Nous n'avons pas de destination précise, mais une direction : à partir de Mestre, reflet continental de Venise dans le miroir de la lagune, nous comptons rallier Venise à pied puis effectuer sur un *vaporetto*, ces petits bateaux à vapeur qui desservent l'île et ses environs, la traversée d'un bras de mer jusqu'à la *Punta Sabbioni*. Cette pointe forme l'extrémité du cordon littoral qui ferme ladite lagune, et isole Venise et les îles avoisinantes de la mer Adriatique. Nous voulons remonter ce cordon jusqu'au bout puis continuer plein est, le long de la côte d'abord, ensuite à l'intérieur des terres, vers la frontière slovène.

Ça, c'est sur le papier.

En réalité, c'est plus compliqué : toutes nos cartes l'attestent, il n'existe aucun moyen de marcher jusqu'à Venise. Les connexions de la Sérénissime avec la terre ferme ont été pensées pour l'automobile et pour le train. Ce sont des voies rapides ou des rails, impraticables à pied. Ces liaisons sont récentes : avant la construction du Pont des Lagunes, en 1846, le bateau était le seul moyen d'accoster quai des Schiavoni. Aujourd'hui encore, le piéton fait l'objet d'une simple tolérance dans cette ville de canaux. Il s'y fatigue beaucoup, du reste, à enjamber sur de rares passerelles les bras d'eau qu'il serait si simple de franchir en gondole. Entre la Cité des Doges et le marcheur règne une mésentente foncière, quasi ontologique – la même qui fait mutuellement rivaux marin et paysan.

Nous avons beau étudier les plans à notre disposition, dont celui très détaillé qui s'affiche sur mon téléphone portable, nous ne repérons aucun sentier vers Venise. Pourtant, il est hors de question que nous contrevenions à la règle cardinale de cette aventure pédestre : ne jamais voyager à bord d'un véhicule terrestre, sauf l'ambulance en dernière extrémité. Il faudra donc passer, coûte que coûte.

Après cinq kilomètres sur les boulevards, nous prenons le risque d'enjamber une double barrière en métal et nous faufilons – c'est le mot – à travers un écheveau d'autoroutes, de voies rapides, de bretelles d'accès dont bien sûr les piétons sont proscrits. Tantôt nous avançons pincés entre deux glissières, contraints tous les dix pas de libérer nos sacs qui s'accrochent aux montants, tantôt nous tombons à quatre pattes, afin d'éviter un gros transformateur électrique qui siffle à nos oreilles. Le danger est partout. Il y a d'énormes câbles, au voltage sûrement intimidant, que frôlent nos cuisses en marchant. Il y a des chantiers où manœuvrent des pelleteuses, des ponts en travaux qu'il faut suivre à l'extérieur des rambardes, six mètres au-dessus du sol.

Plus loin, nous descendons dans le fossé tapissé d'herbes folles et de canettes aplaties. Si une patrouille de police nous repère, cheminant le long de l'autoroute à quelques mètres de la circulation, ça va chauffer pour nos mollets…

Quelques heures de marche athlétique nous donnent accès au pont, unique, qui relie Venise au continent, puis à la Cité des Doges elle-même, en pleine effervescence touristique. La présence de marcheurs sacs au dos dans les ruelles vénitiennes est assez banale, en cette saison. Ce n'en est pas moins troublant, pour nous qui venons d'arpenter des routes sans piétons, de nous incorporer à la foule estivale des visiteurs. D'un coup, nous sommes happés par le flot, déjetés à gauche, à droite, selon le courant dominant et l'élan majoritaire. Nos sacs nous dérangent autant qu'ils gênent notre entourage, mais pas moyen de s'en débarrasser. Au sein du tourbillon, nous sommes pareils aux troncs d'arbres que charrient les torrents, et qui parfois se coincent en travers.

Heureusement, Venise ménage un peu partout des échappées au marcheur bousculé. Une venelle s'écarte de l'artère passante et conduit à une placette, cent mètres plus loin, que personne n'a l'air d'avoir vue, peut-être parce que, trop petite, elle est absente du plan touristique. On s'y trouve presque seuls, dans un décor de théâtre qui ne déparerait pas sur la scène de la Fenice. Rien n'y manque, ni la façade rococo, ni le balcon sculpté, ni la fontaine à bec de dauphin, ni l'embarcadère en demi-lune, ses huit degrés de marbre s'immergeant dans les eaux glauques du canal. D'un moment à l'autre, les plis d'une robe de velours onduleront sur ces marches, ou bien l'on jettera du haut du balcon un œillet blanc à la demoiselle passant en contrebas. Venise tente l'écrivain comme elle séduit le photographe. Il y niche autant d'images à faire que d'histoires à raconter mais c'est un enchantement facile, générateur, le plus souvent, d'œuvres sans personnalité.

Rejoindre l'embarcadère du *vaporetto* exige de traverser la place Saint-Marc, réceptacle des flux de visiteurs qui gonflent les rues adjacentes. La place est d'assez grandes dimensions pour contenir, peut-être, toute la population de la cité, pourtant elle suffit juste à recevoir l'épanchement touristique, qui bat ses bords comme une eau prisonnière. La Sérénissime, on le sait, connaît de grandes inondations.

Nous embarquons sur la ligne 14 et, passé une cohue de bateaux non moins rude que la mêlée des piétons sur l'île, nous filons en pleine mer. Par les fenêtres baissées du vapeur souffle un vent tiède, iodé, chanteur d'écume et de lointains, qui est à mon nez le parfum condensé du voyage. Pourtant, je n'aime pas aller sur l'eau, les voiliers me font moins d'effet que les avions. Mais j'admets que les embarcadères, les jetées battues par les vagues, les proues de bateaux tendues vers le large diffusent une magie que ne rayonnent plus, pour moi, les halls d'aéroports. Il fait bon respirer l'air marin en songeant qu'il vient peut-être d'Afrique, de Madagascar, de ces contrées d'épices et d'aventure. Mes paupières tombent, et je m'endors.

Un peu plus tard, nous prenons pied sur l'autre rive – et dans un autre monde. Pins parasols, chaleur sèche, chapiteaux rayés des vendeurs de glaces, lagune ouverte scintillant sous le soleil : la pointe Sabbioni répand un air de vacances, un climat de *farniente* que la mal nommée Sérénissime n'est plus en mesure d'offrir. D'autant que les marcheurs, comme les cyclistes, y sont choyés. Longue de dizaines de kilomètres, en partie refaite à neuf, une double piste cyclable borde la route peu fréquentée. Elle dessert de loin en loin des campings face à la mer qui, eux aussi, se multiplient : j'en dénombre vingt-sept, entre l'extrémité de la pointe et l'endroit où le cordon littoral se rattache au continent.

Le soir approche et, par faiblesse, nous louons un carré d'herbe hors de prix dans un campement voisin. J'espère me tremper dans la piscine, consolation du marcheur échauffé par des heures de goudron, mais elle vient de fermer. L'incident se répétera au fil des semaines, devenant une malédiction régulière. Les horaires des bassins de camping se révèlent aussi mesquins que ceux des pataugeoires municipales, confisquées les deux tiers du temps par des compétitions, des séances scolaires, sinon d'interminables opérations de nettoyage et de désinfection.

Qu'importe : nous avons l'Adriatique, une belle plage déserte à cette heure où nous traînons des chaises longues pour admirer le coucher de soleil et savourer un pique-nique méditerranéen. L'air est doux, la compagnie enjouée – des adolescents fêtant on ne sait quoi, peut-être le simple bonheur d'exister –, le ciel moucheté d'étoiles malgré les embruns. C'est une soirée magique et il nous semble, à nous qui plus tôt nous faufilions entre les pare-chocs, avoir basculé à l'envers de la Terre. Comble de grâce, quelqu'un a laissé un matelas gonflable derrière les poubelles : ce sera ma litière pour la nuit, et quelques autres à venir.

Marcher au bord de la mer n'est pas trop à mon goût. La moiteur de l'air, la clarté plus vive qu'à l'intérieur des terres, le soleil qui cuit, le sel qui brûle me tiennent éloigné des plages qu'il est impensable, de toute façon, d'arpenter sac au dos. Il y a aussi cette matière, le sable, dont s'étoffent la plupart des rivages. Le sable permet la confection de pâtés et de châteaux, on aime s'y étendre ou s'y enfouir, mais tout se complique si l'on veut s'y déplacer. Fouler le sable, prétendre s'appuyer sur ce sol meuble, mouvant, plein de bosses et de creux, est un cauchemar pour l'homme à pied. Cette fois, le piéton est à égalité avec l'automobile qui, elle non plus, n'aime pas le sable et dépense beaucoup d'énergie à s'en extraire, si d'aventure elle s'y trouve empêtrée.

Sur le sable, oubliez les chaussures, mieux vaut aller pieds nus. C'est la dernière surface où l'on puisse marcher de la sorte. Partout ailleurs, des revêtements factices ont isolé nos orteils du sol naturel. Nous n'avons plus les sensations du terrain, nous recevons celles des semelles de nos chaussures dont l'épaississement vise à limiter, toujours plus, la répercussion dans nos talons de ses aspérités.

Dans mon carnet :

« Changement du sol quotidien : autrefois souple, vivant, malléable, variable (terre devient boue) et divers (sable, terre) ; aujourd'hui dur, lisse, uniforme et constant : le bitume des chaussées, l'asphalte des trottoirs. Quelles conséquences ? La vie se déroule en surface. On ne creuse plus le sol, les eaux mêmes ruissellent selon un itinéraire précis, fléché, celui des caniveaux et des égouts. J'observe que, plus le sol est dur, plus les chaussures s'amollissent. Hier sabots de bois, à présent mocassins, souliers de cuir cousu.

Inversement, le ciel devient mieux pénétrable, gagne en profondeur. Autrefois, il se superposait au paysage, en constituait le fond (ciel des peintres), était émetteur de pluie, de neige, d'intempéries, en même temps qu'un cristal courbe où gire le soleil, où percent les étoiles. Aujourd'hui, le ciel gagne chaque jour en profondeur par les engins qui s'y élèvent, s'y maintiennent, en descendent, par les ouvrages toujours plus hauts qu'on y dresse (tours, poteaux électriques). »

En résumé, j'évite les plages sableuses, ces immenses étendues claires impossibles à marcher. S'ajoutent la pression touristique, les restaurants médiocres ou trop chers… Non, vraiment, très peu pour moi.

Notre longue remontée du cordon littoral ne devait pas, hélas, guérir mes préjugés en la matière. Sous les regards railleurs ou soupçonneux des estivants, nous voici arpentant d'un pas lourd les avenues d'une ville côtière qui paraît ne jamais finir. Sur des kilomètres, les pizzerias succèdent aux boutiques de souvenirs, qui alternent avec les glaciers et les marchands de kebabs, interminable défilé de la médiocrité mercantile de notre époque. Il fait chaud, le sac est pesant – si pesant que Rémi, pour en avoir le cœur net, monte sur une balance publique et s'étonne de lire sur le cadran un chiffre vraisemblable. Ce n'est pas son jour, à Rémi. Sur la terrasse d'un restaurant où pourtant nous sommes assis à l'écart, la violente odeur de camphre d'un baume pour ses mollets lui vaut une remontrance du patron !

Malgré le répit d'une glace savourée, en fin d'après-midi, dans un bourg oublié le long d'un canal, la journée se termine comme elle a commencé : piètrement. Ce luxueux campement en bord de mer exclut les marcheurs ; rien d'explicite, mais l'écriteau « Deux nuits minimum » pendu à l'entrée vise les gens comme nous. L'article n'existait pas dans le règlement d'origine, il a été ajouté devant l'afflux des tentes. Ces abris de toile, si discrets soient-ils, empiètent sur les parcelles des caravanes aux loyers plus élevés. Nous sommes victimes d'une discrimination.

Camper sur la plage ? Nous y renonçons devant d'autres panneaux, « *No camping* », plantés de loin en loin sur les dunes, autour d'un bar assez animé. Pas d'autre choix : après les vingt-huit kilomètres qu'ont déjà endurés nos jambes, nous devons reprendre le goudron au crépuscule. Une heure plus tard, en retrait de la mer, un camping assez « moustiqueux », mais sympathique et familial, nous ouvre enfin ses pelouses.

Il reste juste assez de soleil pour éclairer le montage des tentes, une opération qui gagne chaque jour en efficacité. Planter les sardines à la bonne distance, dans une terre ni trop meuble ni trop pierreuse, dresser les piquets bien d'aplomb, tendre les cordelettes comme il faut, aménager enfin l'intérieur de cet espace abstrait, prisme ou pyramide, réservé par la toile : ces tâches que j'abordais naguère en mauvais élève, m'y reprenant plusieurs fois, je m'en acquitte désormais en un tournemain.

La lessive aussi demande moins de temps, je sais quelle température convient au trempage et maîtrise mieux l'essorage des chaussettes, finesses buandières ignorées du débutant. Même la douche va plus vite, pourvu que l'architecte des sanitaires les ait conçus avec intelligence, c'est-à-dire équipés d'une cloison garantissant les habits des éclaboussures, de trois patères au moins pour suspendre à part vêtements, serviette et trousse de toilette.

Il a fallu moins d'une demi-heure pour remplir ces obligations de tout campeur qui s'installe. Alors, dans la satisfaction du devoir accompli, je m'attable avec mes camarades pour un souper rustique mais dûment arrosé : vin italien, fromages et charcuterie à la pointe du couteau.

Tout l'art du piéton qui trace librement son chemin est d'éviter les routes passantes. Ce n'est pas toujours possible. Parfois, comme ce quatre juillet, la seule voie praticable est une nationale, une section de plusieurs kilomètres que les voitures avalent à toute allure. Les lignes droites sont séductrices pour l'homme ou la femme au volant. Elles l'induisent en tentation de vitesse, voire d'excès de vitesse. Difficile, face au beau trait d'asphalte filant à l'horizon, de ménager la pédale des gaz. On appuie sur l'accélérateur comme on lâchait jadis la bride de son cheval, pour éprouver son moteur et vérifier les prétentions du fabricant, les cent kilomètres à l'heure en dix secondes. La pulsion de mort du conducteur s'exprime dans les lignes droites, et s'assouvit dans les virages – psychanalyse élémentaire du goudron.

Pour le marcheur, c'est différent. Lui abhorre les lignes droites qui le privent d'un de ses rares divertissements, le changement de perspective. Si, en prime, l'accotement penche, s'il est souillé d'ordures ou borde un ruisseau nauséabond, l'ennui du piéton devient souffrance. Il n'a qu'une hâte : repérer la petite route branchée à la voie rapide qui l'en fera s'échapper.

Ce jour-là, c'est une rue de village, tangente à la nationale, que nous suivons pour soulager nos yeux et nos oreilles de la furie motorisée. Deux cents mètres plus loin, le grondement des autos a réduit, laissant percer le ramage des oiseaux et le friselis des feuillages. Sous un prunier lesté de fruits succulents, je reprends mon souffle en m'enduisant de crème solaire.

Pendant près d'une semaine, nous allons arpenter la vaste plaine du Pô, d'abord vers le nord pour éloigner le littoral, puis plein est, en suivant de petites routes ou des pistes caillouteuses à l'usage des tracteurs. Ma carte électronique est assez précise pour, désormais, refuser les grands axes et tenir les automobiles à distance. L'horizon est remarquablement plat, les voies de circulation si rectilignes qu'on dirait, lancés à perte de vue, des rayons d'ombre ou de lumière fendant les cultures. Rien à voir non plus dans les champs : des meules de foin, de courtes plantations près du sol. C'est la rase campagne, au sens vrai du mot. On progresse vite dans cet environnement sans obstacle.

En revanche, se ravitailler pose problème, et plus encore, trouver un lieu pour y dresser notre campement nomade. Dès la fin d'après-midi, nous nous mettons en quête d'un espace satisfaisant aux conditions de l'hébergement clandestin : tranquille, retiré, pourvu d'un point d'eau, si possible hors de vue et de connaissance des villages avoisinants.

Tel soir, c'est une église derrière laquelle nous installons nos tentes, patientant jusqu'à la nuit pour utiliser le robinet d'un chantier à des fins hygiéniques. Tel autre, nous nous rapprochons du fleuve et découvrons une superbe avancée de sable au-dessus des eaux calmes. Les gens du coin ont bricolé un plongeoir avec une planche et deux bidons. Tel autre soir encore, nous dormons sur une aire de pique-nique au bord de la route et nous aspergeons, dans les vestiaires d'un stade, avec l'eau d'une bassine à vaisselle.

Des cours d'eau nombreux sillonnent la plaine du Pô, difficiles à franchir car il y a peu de ponts. Encore une fois, l'usage des voitures est si répandu qu'on a oublié qu'un pont pouvait servir aussi aux piétons – ou, qui sait ? aux automobilistes en panne... Pour nous hisser sur une grande arche de béton qui enjambe le fleuve, nous escaladons la grille qui ferme l'accès d'une galerie latérale, étroite et envahie de ronces, réservée au personnel d'entretien. Sur un autre pont, le passage se réduit à l'espace entre deux barrières, large d'un mètre au début, de trente centimètres à la fin, que nous parcourons nos sacs sur la tête.

Dans la plaine, l'ombre est rare. Nouveaux adeptes de la pause méridienne, nous faisons de courtes siestes partout où s'offre un banc, un muret, une surface horizontale pour nous étendre un moment. Pendant ce temps, nos lessives, voire nos toiles de tente, sèchent au soleil, étalées sans pudeur à proximité. Le chargeur photovoltaïque de mon téléphone s'expose, lui aussi, aux rayons du midi.

Au début de l'étape, j'étais assez gêné d'exhiber ainsi nos affaires, inclus des chaussettes ou des caleçons dont nous festonnions les haies des squares et les grilles des jardins publics, à la vue de tout le monde. Un paysan, un jour, nous avait reproché de déballer nos sacs à dos dans son champ. Il faut dire que, duvets et tentes compris, notre étalage couvrait une bonne centaine de mètres carrés du pré. Cela ressemblait au matériel d'un parapentiste qui vient d'atterrir et n'a pas encore replié son aile couchée sur l'herbe. L'agriculteur parlait italien mais ses gestes étaient explicites. J'avais compris le mot « *rispetto* » – « respect » – de ce qu'il m'avait dit.

Or, plus nous marchons, plus s'allègent nos scrupules de rhabiller ainsi les trottoirs aux couleurs voyantes de nos linges à sécher. C'est surtout parce qu'il n'y a pas d'autre solution. Nous ne pouvons prolonger nos séjours dans les campings, à attendre que nos serviettes et nos sous-vêtements aient rendu leur humidité. Il y faudrait des heures, par beau temps, des jours sous un ciel gris. Or, s'il est un adversaire coriace du randonneur et de son bien-être, c'est bien cette eau prisonnière des textiles, particulièrement du coton qui la cède à regret aux soleils les plus chauds, la gardant longtemps dans ses plis et ses doublures – pour cette raison, je bannis désormais les maillots en coton de mon équipement.

Peut-être, à l'avenir, un ingénieur mettra-t-il au point un tissu aux propriétés révolutionnaires, qu'il suffira de claquer une fois au vent pour le sécher ? D'ici là, mes camarades et moi continuerons de subir les regards réprobateurs des bonnes gens, contraints d'enjamber nos slips mouillés dans les allées des parcs municipaux...

Une semaine après notre départ de Venise, nous franchissons la frontière slovène. Un orage très violent, subi pendant la nuit, annonçait un changement de temps. De fait, nous passons l'ancien poste douanier converti en boutique de souvenirs dans nos imperméables zippés jusqu'au menton. Des Italiens viennent s'y approvisionner en cigarettes bon marché ou peut-être, comme nous, en fraises et en figues succulentes qu'une maraîchère détaille au bord de la route. Elles font bon ménage avec le mousseux dont, selon une tradition bien établie, j'ai porté une bouteille jusqu'à la frontière.

Depuis quelques heures, le paysage se renouvelle. Des collines encore modestes, drapées de sapinières qui m'évoquent le Jura, bousculent la plaine du Pô. Un peu plus loin, succèdent aux résineux des plants de vignes dont les feuilles, larges, souples, bien lobées, ruissellent d'eau céleste. Alors, nous croyons randonner quelque part sur les coteaux alsaciens...

Cependant, la pluie forcit et nous devons chercher un abri. Nous trouvons refuge sous le préau d'une ancienne forteresse magyare qui héberge une salle d'exposition et – merveille ! – un restaurant de spécialités locales aux prix très abordables. La météo continue de se dégrader. Rincés d'averses, nous décidons de prendre un hôtel, le premier sur la route qui n'en offre pas beaucoup. C'est l'occasion pour Romain de refaire son sac puisque, le lendemain, il quittera la marche et reprendra le train.

Romain devait être notre porte-bonheur. Le cadet de l'équipe en allé, les ennuis se succèdent pour le duo restant. D'abord, la question toujours aiguë du ravitaillement. Côté italien, les rares villages traversés comptaient peu de commerces, et ceux qui subsistaient avaient baissé le rideau en cette fin de semaine. Nous sommes dimanche – je l'avais totalement perdu de vue. Pour répondre à la délicate question : « Quel jour sommes-nous ? », le marcheur se trouve à égalité avec le prisonnier et le spéléologue, c'est-à-dire qu'il est incompétent. Quatre ou cinq étapes suffisent à dissiper chez lui toute conscience de la semaine – un cycle artificiel qui ne bénéficie pas, comme la journée, du marqueur solaire. Preuve de l'arbitraire du calendrier et, sans doute, de tous nos découpages du temps.

Pas d'approvisionnement possible sur le bord italien de la frontière, donc. Côté slovène, au fond des vallées encaissées où nous évoluons désormais, les bourgs se font plus rares encore, et l'on ne trouve plus rien à manger. C'est d'autant plus fâcheux que nous abordons un blanc de la carte, ou plutôt un vert : vaste région forestière et montagneuse de l'ouest du pays, presque dépeuplée, dont la nature encore sauvage abriterait une importante colonie d'ours.

Sans doute, en préparant notre étape du lendemain, n'avons-nous pas pris la mesure de ces difficultés. La situation est préoccupante. Un rapide inventaire des sacs révèle l'état dramatique de nos munitions : trois oranges et un demi-paquet de biscuits. Il faudra tenir là-dessus jusqu'à la prochaine épicerie. Dans combien d'heures, ou de jours ?

C'est un dîner très frugal que nous partageons le soir, devant nos tentes humides, en haut d'un champ. Le lendemain, le petit déjeuner puis le déjeuner sont plus maigres encore. La pluie tombe drue et n'allège pas notre humeur. Sur la carte, nous repérons tout ce qui ressemble à un village, dans l'espoir d'y acheter de la nourriture. À chaque fois, c'est une déception. Les hameaux sont vides, les commerces absents. Des bancs de brume donnent un aspect fantomatique à ces marches vers nulle part, le ventre creux et les mollets frissonnants. Certes, nous pourrions frapper aux portes et mendier du pain, mais c'est une extrémité à laquelle, pour le moment, je ne veux pas me résoudre.

Parvenus à Čepovan, une bourgade un peu plus étendue mais toujours sans magasin, nous sommes désemparés. Deux voies s'offrent à nous, également rebutantes : celle qui suit la vallée, et ne rencontre pas d'autre village avant quinze kilomètres ; celle qui s'élève dans la montagne, vers une petite station de ski. C'est l'été, la station est probablement fermée. Mais sait-on jamais ? Peut-être un restaurant, un café sert-il encore des clients quelque part ? Nous faisons un pari risqué et, malgré la pluie, malgré le froid qui commence à sévir en altitude, nous attaquons la pente.

Là-haut, un hameau de dix maisons, Lokve, et un seul hôtel : volets clos, lumières éteintes. Des peintures naïves, à motifs d'edelweiss et de chamois caracolant sur les pierriers, illustrent la large façade. Des totems à l'effigie d'une marmotte, d'un ours et d'un gros champignon accueillent aussi les visiteurs. Il semble que le passe-temps des propriétaires soit la sculpture sur bois, du moins sa variante grossière qui utilise une tronçonneuse.

Tout ce folklore montagnard aurait du sens, si l'été tenait ses promesses. Mais, par ce froid humide dont frissonnent même les sapins, ces riantes scènes d'alpages nous paraissent des fictions invraisemblables, et presque une provocation. Elles n'ont pas plus de réalité, si l'on y songe, qu'un hôtel touristique fermé au pic de la saison.

Nous marchons quand même vers le perron. Miracle ! Quelqu'un nous ouvre. Une dame, qui parle anglais. Elle vient d'arriver avec ses enfants, les propriétaires des lieux. Si nous nous étions présentés dix minutes plus tôt, nous aurions trouvé porte close. L'hôtel est bien fermé mais, à l'aspect de nos imperméables ruisselants, de nos visages rougeauds mâchés de froid et de fatigue, on veut bien nous louer une chambre. Mieux : on nous sert des sandwichs, en attendant un fabuleux souper préparé avec les produits de la ferme attenante. Potage aux herbes bio, patates cuisinées aux oignons, gnocchis, pâtes aux champignons : un vrai festin. Seuls clients de l'hôtel, nous sommes seuls aussi à nous asseoir au restaurant. C'est peu dire que nous sommes soulagés, et reconnaissants à ces affables Slovènes des attentions qu'ils ont pour nous. Si le mot « providence » revêt un sens, nous l'avons connu ce jour-là.

Au matin, repus, reposés – mais pas séchés, car nos vêtements suspendus dans la chambre sans chauffage ont hélas gardé leur humidité –, nous quittons le hameau par une piste qui s'enfonce dans les bois. C'est une forêt d'essences mêlées où domine le sapin, dense et ombreuse. La météo s'améliore, des rayons percent l'épaisseur des feuillages. La progression est facile, mais silencieuse et solitaire. Nous ne croisons personne, ni piéton ni véhicule. C'est à se demander si cette piste est encore empruntée, si même ce sont des hommes qui l'ont frayée à travers bois ? Bien des sentiers qu'on croit humains, parce qu'ils sont tracés avec pertinence, sont l'œuvre des sangliers et d'autres bêtes sauvages. Pour me conforter, je déchiffre au sol des sillages de pneus et, plus rares, des empreintes de semelles. Ça me rassure, de vérifier que mes semblables sont passés par ici.

De temps à autre, une clairière nous offre un point

de vue sur les collines environnantes : elles sont plantées d'arbres jusqu'à l'horizon. Voilà un aperçu de ce qu'était autrefois la grande forêt européenne, quasi continue des monts Oural à l'océan Atlantique, peuplée de végétaux innombrables et d'un gibier surabondant. Pas étonnant qu'elle ait inspiré tant de croyances aux voyageurs.

Moi-même, baigné dans cet océan chlorophyllien, suivant en funambule le mince fil de terre tendu à travers l'immense sauvagerie, je sens ma raison vaciller quelque peu. Des bouffées d'anxiété me viennent. Mon imagination garnit le moindre fourré d'une vipère, d'une araignée velue, ou telles monstruosités venimeuses. Il me semble qu'un ours va surgir à chaque tournant. Voici d'ailleurs un panneau « Attention, ours ! » fixé sur une barrière, derrière une cabane sortie tout droit d'un conte de fées. Aujourd'hui encore, je me demande si le panneau était réel ou le produit de ma frousse – la condensation, en quelque sorte, des vapeurs d'angoisse dont mon esprit était comme ennuagé.

Dans les contes, on a peur. Dans les contes, on se perd. Des bûcherons, les seuls visages que nous verrons de la journée, pointent un raccourci à travers la forêt : une piste qu'ils viennent de déblayer, absente des cartes. Nous l'empruntons, confiants de rejoindre bientôt la piste principale. C'est la première fois que le triangle qui marque notre position sur l'écran de mon téléphone s'écarte des traits bleus ou blancs figurant les sentiers, pour s'aventurer dans la couleur unie des régions « pleines » : pleine forêt, plein champ, pleine nature en somme. Mais, je l'ai dit, la piste semble à portée de pas. Une vingtaine de minutes à marcher, tout au plus.

Après deux heures, nous déchantons : c'est plus long et plus loin que prévu. Personne pour nous aider, aucun balisage, un téléphone dont les batteries s'épuisent et, comble de malchance, des arbres abattus en travers de la piste dont le franchissement, sac au dos, nous inflige de pénibles contorsions.

Depuis un certain temps, déjà, nous marchons entourés d'arbres à terre, deux troncs couchés pour un debout. Nous pensions aux dégâts d'une tempête, avant qu'on nous parle du froid terrible qui a sévi au cours de l'hiver, du poids de la neige et de la glace sur les branches. Les bûcherons prétendaient avoir dégagé le chemin jusqu'à la piste principale. En réalité, leurs engins se sont arrêtés quatre cents mètres avant la jonction et il nous faut, sur la portion restante, nous frayer un passage dans les ramures enchevêtrées.

La pluie commence à tomber quand le site d'une colonie de vacances apparaît au détour du sentier. Ce sont de robustes tentes militaires, un réfectoire de plein air sous un toit en rondins. Le camp est propre et bien organisé. Il respire cette forme d'intelligence pratique qui fait honneur au scoutisme, et s'exprime ici dans une provision de bûches bien garnie, une table et des bancs massifs qui dureront jusqu'au Jugement dernier.

L'endroit toutefois est désert. Personne ne répond à nos appels, et nous perdons l'espoir de partager ce soir les savoureuses grillades des scouts slovènes. Après avoir déroulé nos sacs de couchage à même le sol sous une grande bâche, nous cherchons en vain une prise électrique pour recharger mon téléphone cartographe. La direction du camp n'a négligé aucun détail, elle a veillé aussi à ce que les sources d'eau et de courant soient hors d'atteinte des rôdeurs…

Près du camp pourrissent de vieilles baraques, où je me faufile par curiosité. J'essaie même de ranimer la grosse chaudière du sous-sol puis de rouvrir l'eau, dans l'espoir peu réaliste de prendre une douche au milieu des gravats qui jonchent les sanitaires. Des meubles cassés, quelques chaises, une paire de bottes crevées, une statue de porcelaine garnissant un autel domestique : voici tout l'inventaire de mes fouilles.

Au cours de la semaine, le mauvais temps paraît hélas s'installer. Toutes nos journées obéissent au même plan : un départ sous le soleil, le ciel qui se couvre à partir de onze heures, quelques pluies orageuses vers midi puis, jusqu'au soir, des averses éparses mêlées de bruine, entrecoupées de furtives éclaircies, comme si le bulletin météo subissait un fâcheux bégaiement. J'imagine une pénible oscillation du baromètre, de « variable » à « grande pluie », au dam des randonneurs, mais au bénéfice certain des cueilleurs de champignons. Quitter l'imperméable et le couvre-sac, les renfiler, les ôter de nouveau… et cela, dix fois par jour. Je me sens comme la valve d'un autocuiseur, mon corps exhale une vapeur qui s'échappe par le col de ma veste et les ouvertures de mes manches.

Dans la ville d'Idrija, Rémi, sorti faire un tour, rentre à plus de minuit. Il a été contrôlé par un policier en civil surgi d'une voiture banalisée. Depuis, mon compagnon de marche se demande avec angoisse si cet agent en était vraiment un, et pourquoi il examinait de si près sa carte bancaire ?

À Škofja Loka, que j'atteins seul après une étape marathonienne – quarante-deux kilomètres marchés depuis le matin –, les pensions sont rares et bondées. Une jeune Slovène m'apporte spontanément son aide, malgré la finale de la Coupe du monde de football qui se déroule en direct sur l'écran du bar. Tant mieux si les femmes, en général, ne partagent pas la passion masculine du ballon rond. Très aimable, la demoiselle me sert d'interprète au seuil des hôtels, négocie en mon nom le tarif de la nuit et, pour commencer, me guide vers ces établissements que je n'aurais pu dénicher sans son aide, faute d'enseignes pour les identifier. Grâce à elle, cette nuit-là, je peux étendre mes jambes fatiguées dans de beaux draps blancs plutôt qu'à l'intérieur de mon sac de couchage.

Škofja Loka domine la plaine de la capitale, Ljubljana,

située vingt-deux kilomètres seulement plus au sud. Nous choisissons sagement de contourner la grande ville et traversons d'une enjambée les plantations de blé, de maïs, de pommes de terre qui s'étalent d'un rang de collines à l'autre. Où dormir ? Par exemple au bord de ces étangs, qui approvisionnaient naguère en argile la briqueterie toute proche. Ils n'invitent pas vraiment à la baignade : une chimie spécifique garantit certes une température de l'eau constante et assez douillette, vingt-cinq degrés en toute saison, mais la surface, noire comme de l'encre, couve des végétaux pourrissants où le pied s'enlise sans toucher le fond. Bien décidé à faire ma toilette, j'attends sous les arbres, la serviette jetée sur l'épaule ou fouettant l'air contre les moustiques, que les promeneurs de chiens aient rappelé leurs bêtes. Enfin, mes orteils plongent dans cette soupe limoneuse dont ils ressortent plus propres peut-être, mais encapuchonnés de vase comme s'ils avaient trempé dans un bol de chocolat…

Accroupis devant nos tentes au coin d'un champ, Rémi et moi examinons la carte.

« La Hongrie, c'est loin ?

– Assez. Ça m'étonnerait que nous y arrivions. Pas cette fois ! »

Les marcheurs avancent d'autant mieux qu'ils suivent une direction simple et constante, que leurs pas sont fléchés vers une ligne d'arrivée – autrement dit, qu'ils ont un objectif. Proche ou lointaine, la cible à atteindre aspire leurs efforts. C'est fonction d'elle qu'ils jugent l'état de leur progression, qu'ils sentent s'ils vont ou non assez vite, s'il faut presser l'allure ou s'ils ont tout leur temps.

Dans mon carnet :

« La marche vers un but n'est pas neutre ; elle raconte une histoire, palpitante et pleine de rebondissements.

Au début, quand on est loin d'arriver, les jambes pèsent, le progrès qu'amène chaque pas semble insuffisant et presque dérisoire. Un moment vient pourtant, autour de midi, où le chemin parcouru (le déplacement du pointeur sur la carte digitale) ne fait plus honte au voyageur à pied. Il tire une fierté légitime des dix, parfois des quinze kilomètres marchés depuis le matin, et se complaît quelques heures dans cette impression heureuse, analogue au sentiment chez l'artisan du travail bien fait. Puis – est-ce la digestion qui l'alourdit, la fatigue qui l'entame ? – le marcheur bascule en fin de journée dans une émotion contraire. La distance couverte la veille lui revient en mémoire. Si par hasard il a fait moins, ou si l'objectif comme souvent se dérobe – il reste trois kilomètres, alors qu'il se croyait près d'arriver ! –, le désespoir peut le gagner.

"C'est ma faute, j'ai traîné ! Je suis un moins-que-rien !"

Tôt ou tard, cependant, le but est atteint. Épuisé, mais content, le voyageur à pied s'accorde une nuit de sommeil, avant d'aborder le lendemain une journée toute pareille. »

Des buts à atteindre, un parcours en montagne n'en manque pas, aussi durs à conquérir qu'ils sont simples à énoncer : ce sont les cols, brèches et autres replats ménagés par le relief, ce sont les cabanes et les refuges établis par les hommes près des voies de circulation. Mais en plaine ? Que se passe-t-il sur ces vastes étendues où rien n'arrête le regard, d'où n'émerge ni butte ni clocher pour tenter nos pas ?

Quand l'horizon est nu et n'offre aucun repère, le marcheur exerce son imagination. Au lieu d'un fleuve à franchir ou d'un pic à escalader, c'est une ligne abstraite qu'il aspire à couper : celle, en pointillé bleu ou rouge sur la carte, qui délimite une région, un pays, qui cerne une ville ou un parc naturel. Tracée souvent au milieu de nulle part, sans autre présence au paysage qu'une borne ou qu'un écriteau solitaire, cette ligne n'en fait pas moins rêver le voyageur à pied.

Depuis le départ de cette sixième étape, Rémi et moi convoitons une ligne de ce genre, laquelle promène des croix en enfilade aux confins de notre carte de Slovénie : c'est la frontière hongroise. Le pays affecte une forme allongée, sensiblement étirée vers le nord-est où il est plus étroit qu'à l'autre bout. Cette configuration particulière a pris pour nous une signification magique. Pour un peu, nous croirions que la frontière nous fuit, que la Slovénie fait exprès de s'étendre ainsi vers le nord-est, pour nous rendre plus difficile la sortie de son territoire !

Plus nous avançons, moins ce trophée – la Hongrie – semble à portée de nos jambes. Certes, notre moyenne s'améliore, mais le relief assez vigoureux du pays nous complique sérieusement la tâche. Le seize juillet, par exemple, les trente-quatre kilomètres du jour incluent une longue montée de onze kilomètres, sur une route en lacets, que suivent quinze kilomètres environ de descente, une fois passé un col à près de mille mètres. C'est autre chose que de marcher la même distance, les pieds bien à plat. Tour à tour, nous éprouvons l'essoufflement de l'ascension, et les tensions musculaires de la pente, quand cuisses et genoux se raidissent pour freiner l'allure du marcheur. Rude alternance…

De nouveau, le coucher du soleil nous trouve dans un certain dénuement. Cette fois, manquent l'eau (gourde vide) et l'argent (bourse plate). J'allonge mes foulées dans l'espoir ingénu qu'un ange saluera mes efforts. Comme d'autres prient pour la guérison d'un malade, j'implore le Très-Haut d'une buvette et d'un guichet de banque. Or, si triviaux qu'ils soient, mes vœux sont exaucés. Avant que la soif devienne trop aiguë, une bourgade offrant toutes les commodités surgit au milieu des sapins : Gomji Grad. Et, comble de grâce, les choses se présentent dans l'ordre évident des priorités : d'abord l'abreuvoir, ensuite la billetterie.

Comme d'autres peuples alpins, les Slovènes prisent le mobilier rustique : table en bois, bancs assortis, fontaine d'où jaillit l'eau glacée. La générosité privée pourvoit habituellement à ces équipements collectifs. Un écriteau vissé au banc rappelle le nom du bienfaiteur, tantôt un philanthrope local, tantôt un club de randonnée, tantôt encore une formation politique ou une association. Ce système me paraît bon et je regrette qu'en France, l'État dispose seul du mobilier public. Voilà sans doute pourquoi, chez nous, on trouve de moins en moins où s'asseoir… À l'entrée de Gomji Grad, ce sont des étudiants qu'il faut créditer du coin pique-nique, où je remplis – et vide aussitôt – mes gourdes qui sonnaient creux.

Sur l'ensemble du territoire que nous avons parcouru, la Slovénie présente un aspect assez homogène, celui de collines plus ou moins imposantes, habillées de bois plus ou moins denses. Onze villes seulement ponctuent ce petit pays, mais quantité de villages. Autant dire qu'en l'arpentant à pied, on prend un grand bol d'air. Les rares foyers urbains ne sont pas pour autant exempts de nuisances. Dans les derniers jours de l'étape, notre passage à Velenje nous laisse un goût amer, celui peut-être de la lignite dont cette ville industrielle est un site d'extraction très actif.

Nous l'avons atteinte en ordre dispersé : Rémi le premier qui, faute de mieux, installe sa tente au bord d'un plan d'eau pollué ; moi beaucoup plus tard, après un grand détour, parce que j'ai suivi le mauvais côté d'un torrent et guetté longtemps un pont pour le franchir. Quand j'arrive à Velenje, il fait nuit noire. Pas question de camper dans l'obscurité. Des chambres sont à louer derrière un restaurant chinois. Je sonne à la porte. Un jeune pensionnaire, à l'intérieur, me voit mais détourne la tête. Au comptoir du restaurant, on me suggère d'appeler la propriétaire allemande. S'ensuit une conversation chaotique, elle parle seulement la langue de Goethe dont j'ai de très pauvres notions. Je transpire tellement que la barmaid, notre échange terminé, essuie le combiné d'un air réprobateur. Heureusement, l'argent est un idiome universel... C'est la seule langue à posséder, lorsqu'on voyage – mieux vaut y déployer un lexique généreux. Quelques billets apparaissent dans ma main. Un quart d'heure plus tard, je peux m'étendre sur un lit.

Depuis que nous avons renoncé à la frontière hongroise, nous en convoitons une autre, davantage dans nos moyens pédestres, entre la Slovénie et la Croatie. En posant nos sacs à Ptuj, cité des bords de la Drave, au sud de Maribor (cette dernière agglomération sans charme, mais pourvue d'un si beau nom !), nous savons que le défi peut être relevé. Un matin, laissant par exception nos sacs à l'auberge de jeunesse, nous couvrons sans hâte et sans douleur la vingtaine de kilomètres jusqu'au poste frontalier. Voilà... La Croatie s'est ouverte, sous l'œil assez inamical des douaniers qui se méfient de ces marcheurs passant d'un côté puis de l'autre, à une heure d'intervalle, pourvu l'un d'eux d'une carte d'identité périmée !

Ce n'est pas une entrée en fanfare, et la pluie s'en mêle encore pour ternir le paysage quelconque de l'autre côté de la ligne. Mais qu'importe : après cinq cents kilomètres couverts à pied, des canaux de Venise aux derniers mamelons de Slovénie, notre joie est sans mélange. Le crayon qui suit notre progression sur la mappemonde a avancé d'un ou deux centimètres. Rien n'est perdu ! D'ailleurs, nous tirons notre fierté de marcheurs de cette insignifiance même. « Conquérants de l'inutile », écrivait Lionel Terray à propos des alpinistes. Nous pourrions reprendre à notre compte cette belle formule d'un rêveur actif.

Étape 7

De Dubrava Križovljanska (Croatie) à Miskolc (Hongrie)

Des sept étapes qu'a comptées jusqu'ici le tour du monde à pied, deux ont été solitaires. La première, qui a traversé le sud de la France, et celle qui s'est achevée dernièrement aux confins de la Hongrie.

Rien de commun pourtant entre ma longue marche de l'été 2010, greffée en partie sur une voie française du chemin de Saint-Jacques-de-Compostelle (la populaire *via Podiensis* ou voie du Puy) et ce nouveau périple, déployé dans des contrées dont je ne parle pas la langue ni ne partage la culture. La première marche m'a laissé le souvenir d'une progression aisée, de beaux paysages sillonnés d'agréables sentiers, de rencontres variées et souriantes, et davantage : de méditations sereines qui convertissaient peu à peu ma déambulation en vrai pèlerinage.

De cette première marche épanouie, la seconde a été comme l'empreinte en creux ou l'envers maléficié. J'ai connu l'ennui, l'effort, les privations, des tracas de tous ordres ; mais surtout, j'ai senti la solitude comme rarement au cours de ma vie, la solitude foncière qui n'est pas seulement l'absence de compagnie, mais le relâchement et presque la rupture des liens qui vous rattachent à la société humaine. Maintes fois, je me suis demandé ce que j'étais en train de faire, à quoi bon je m'infligeais pareille épreuve – au lieu, comme tant de mes compatriotes en cet été caniculaire, de m'étendre sur une plage à feuilleter des magazines.

Cette drôle d'humeur s'est formée la veille précisément de mon départ. Le premier août, des circonstances privées qui n'ont pas leur place dans ce récit portent un coup violent à mon moral. C'est en somnambule que je remplis mon sac et achève les derniers préparatifs. Dans le taxi très matinal qui m'amène à l'aéroport, dans l'avion qui décolle vers Zagreb en Croatie, je ne ressens aucun élan, aucune joie, pas la moindre once de cette énergie qui, d'ordinaire, irrigue mes veines au seuil d'une longue marche.

Rejoindre, à cent trente kilomètres de là, le point final de l'étape 6 qui doit coïncider exactement avec le point de départ de l'étape 7 soulève des difficultés logistiques qui ajoutent à ma confusion. C'est presque une tradition depuis que nous sommes partis de France : le premier jour de chaque étape est le pire. L'initiale de l'étape 7 confirme cette règle déplaisante. Un autobus m'a conduit à Varaždin, à vingt-six kilomètres seulement de la fameuse frontière. Mais pour couvrir ces derniers kilomètres, m'assure un agent de la gare routière, il n'existe aucun moyen de transport. J'entame donc le trajet sur mes jambes, levant le pouce par intermittence dans l'espoir d'arrêter une voiture. Des autobus passent, pourtant : il doit bien en rouler vers ma destination ? Le seul que j'arrête n'y va pas. Alors tant pis, ce sera à pied. Glissant dans mes oreilles les rondelles caoutchoutées d'une paire d'écouteurs, je fixe mon regard sur le goudron et serre les mâchoires. En avant !

J'arrive au poste-frontière en fin d'après-midi, très assoiffé. Mission accomplie : sur ma carte digitale, le tracé rouge de l'étape 6 se branche au tracé orange de l'étape 7. Avec Rémi, nous avions pris une photo sous un panneau « Bienvenue en Croatie », l'année dernière. Je refais le même cliché, en posant seul pour mon téléphone portable.

Il est temps de rentrer. Après avoir vidé d'affilée trois canettes achetées dans une station-service, je m'assieds sous un abri d'autobus, à cent mètres à peine des douanes slovènes. J'ai fait le trajet à pied dans un sens ; je n'enfreindrai aucune règle en retournant à Varaždin comme passager d'un véhicule. Une heure passe. Autour de la station-service et dans les rues tranquilles du hameau frontalier, une voiture de police fait sa ronde. Comme de raison, elle finit par s'arrêter à ma hauteur, feux allumés et gyrophares tournants. De toute ma vie, je crois n'avoir subi aucun contrôle d'identité, désagrément dont ma peau blanche et, je suppose, une certaine conformité de mise et d'attitude m'ont préservé jusqu'ici.

Mais cette fois, ma drôle de dégaine – maillot de sport, chapeau à cocarde et cuissard cycliste – joue contre moi. Certes, je ne ressemble pas à un Érythréen mais j'ai l'air louche. Les policiers doivent se demander ce que je fiche, assis tout seul sous cet édicule de plexiglas, au voisinage immédiat de la frontière. On réclame mes papiers dans un anglais minimum. Problème : le réceptionniste de l'auberge de jeunesse a exigé mon passeport en échange des clefs de ma chambre et, quoique voyageur aguerri, j'ai omis d'emporter une photocopie. Le policier comprend, mais se méfie. À sa demande, j'étale sous ses yeux le contenu de la sacoche que je porte en bandoulière : par chance, le nom sur la carte bancaire coïncide avec celui inscrit sur la carte d'abonnement d'une compagnie aérienne, et c'est ce dernier bout de plastique, bizarrement, qu'il veut examiner de plus près.

De longs palabres s'ensuivent avec l'officier de garde, joint par radio au commissariat. On relève mon nom sur un cahier, on me prie d'écrire ma date de naissance. Je suggère aux policiers de me conduire à l'auberge de jeunesse qui détient mon passeport ; ça m'arrangerait, d'ailleurs, de faire la route confortablement installé à l'arrière d'une voiture de police. Au lieu de quoi, les agents me relâchent – m'informant au passage que cet arrêt de bus n'est plus desservi, qu'il faut me déplacer vers cet autre, sur une route adjacente. À quelque chose, dit-on, malheur est bon…

Rebelote. Me voici assis sous le second abribus, une cage en béton couverte de graffitis sentimentaux. Un fan local y clame son amour de Justin Bieber. Rien d'obscène, en revanche, dans les dessins naïfs qui tapissent l'intérieur des parois. Ne lisant pas le croate, je ne peux juger des écritures que formellement, et, d'ailleurs, trouve ces griffonnages assez esthétiques. Cet art pariétal se hisse par endroits au niveau des créations préhistoriques de Lascaux ou de Rouffignac. En tout cas, c'est plus intéressant à regarder qu'un aplat de ciment nu.

Commence une nouvelle épreuve de patience, sous la haute protection des gardes-frontières qui m'ont inclus dans leur circuit automobile : toutes les dix minutes, leur voiture réapparaît et le sergent, vitre baissée, vient aux nouvelles. Hélas, les nouvelles sont décevantes. J'attends depuis longtemps, pas d'autobus à l'horizon. La nuit tombe et je me figure couvrir à pied, dans l'obscurité, les vingt-six kilomètres déjà marchés à l'aller.

Au hasard, je reprends l'auto-stop, mais les camions et les voitures de touristes qui quittent la Slovénie n'ont pas envie de s'arrêter. Enfin, vers vingt et une heures, un autobus finit par se montrer ; le chauffeur a l'air tout surpris de trouver quelqu'un dans ce lieu désert où, du reste, la survenue d'un tel engin n'était pas plus probable. Le trajet du retour est long, le patache ratisse de nombreux villages au bout desquels, acculé, il manœuvre pesamment pour prendre la route en sens inverse. Il est près de minuit quand je retrouve mon lit. Fin de la première journée de l'étape 7.

Le lendemain, mon départ est tardif et j'avance au ralenti. Tous les dix pas, je m'arrête et j'ouvre mon carnet. C'est plutôt devant un verre de bière que je tiens mon journal de voyage. Mais parfois, l'inspiration déborde. Alors, pas d'autre choix que de noter sur-le-champ, adossé debout à un arbre ou à la rampe métallique d'un pont, la phrase qui, venue à mon esprit, y scintille quelques instants avant d'être oubliée.

Il reste trente kilomètres avant la frontière hongroise et je décide d'emprunter les petites routes et les pistes agricoles qui marchent parallèlement à la voie rapide. À un certain moment, mon chemin croise une voie ferrée tendue dans la bonne direction, vers le nord. Ce serait un bon raccourci si l'écart des traverses, différent de celui de mes pas, ne me faisait trébucher. Second choix : une sente dans l'herbe haute, au pied du talus qui supporte les rails. Je viens de m'y engager quand de jeunes gens à vélo me hèlent en anglais depuis l'intersection de la piste : « *Come ! Come !* » Ce n'est pas mon habitude de répondre à ce genre de sollicitations, mais quelque chose m'avertit qu'il serait pire de les ignorer – sûr qu'avec mon sac à dos, je n'irais pas bien loin s'il fallait prendre la fuite. Je rebrousse donc chemin.

Trois garçons me reçoivent sur la piste ensoleillée. Celui qui paraît le meneur ne m'inspire guère confiance.

De courte taille, la tête trop grosse pour ses épaules, les yeux saillant hors des orbites, il a l'allure d'une petite frappe. Le flanquent deux jeunes aux lunettes miroir, peut-être des frères. Je perce d'emblée leurs intentions douteuses. Le chef évite mon regard et scrute avidement le matériel que je porte, quoique j'aie soin de dissimuler le plus précieux au fond de mes poches.

Cette situation ne m'est pas familière. Je n'ai jamais frappé personne, personne ne m'a jamais frappé. Sans doute mon mètre quatre-vingt-douze et mes dix kilogrammes sous le quintal ont-ils dissuadé jusqu'ici les malveillants. Un ami adepte du kung-fu m'a appris comment me mettre en garde, épaules de biais et poings levés devant le visage : c'est à peu près tout ce que je sais des bagarres.

Et aussi qu'il faut prendre l'initiative. À peine en haut du talus, j'impose ma main et mon prénom au chef. Ce doit être plus difficile d'attaquer quelqu'un dont on a, l'instant d'avant, serré la main : mon geste applique cette fragile hypothèse. Puis la discussion s'engage, dans un anglais suffisant. Je suis tout sourire et joue un peu le benêt. Quelle chance de les avoir rencontrés ! J'étais perdu justement ; où se trouve tel village figurant sur la carte ? Ils m'ont appelé mais c'est moi qui parle, bien campé sur mes jambes, les regardant droit dans les yeux. Un bon point : je me sens très calme, confiant et sûr de moi. Mon cerveau pourtant tricote à toute allure. Quels seraient mes arguments, si nous en venions aux mains ? Soit ils me blessent, je porterais plainte à la police et ils auraient des ennuis. Soit ils me tuent... Enfin, bon, ça paraît peu probable. Au besoin, j'invoquerais Dieu et exposerais le « tau » franciscain, lettre grecque en bois d'olivier qui pend à mon cou : peut-être un atout, dans ce pays très chrétien ?

Il est temps de me remettre en route, annoncé-je avec un geste de la main. Le chef, vaguement menaçant, veut des cigarettes. Je réponds ne pas fumer (c'est vrai). Il réclame alors de l'argent. Je réponds n'emporter aucun argent avec moi (c'est faux) et que, si j'en avais, je louerais une voiture au lieu d'aller à pied (encore plus faux). Dans cet instant, je crois, se joue mon sort. Quelques mots sont échangés en croate. Ont-ils mesuré les conséquences d'une agression ? Me tiennent-ils pour un pauvre diable qui va par les chemins ? Toujours est-il que mon deuxième « au revoir » est agréé. Nous nous quittons bons camarades.

Depuis mon départ de France, si l'on excepte quelques chiens clabaudeurs, c'est ma première mauvaise rencontre, heureusement sans conséquences. Tout de même, je choisis d'abandonner les pistes en terre pour revenir sur la grande route, turbulente peut-être, mais sûre. Quatre heures de marche têtue sous le soleil me rapprochent de la frontière hongroise, que je compte franchir le lendemain.

Avec mes compagnons d'aventure, j'ai déjà passé plusieurs frontières : successivement la Suisse, l'Italie, la

Slovénie, la Croatie nous ont ouvert leurs territoires, sans autre formalité qu'une rapide revue de nos passeports ou de nos cartes d'identité. Mais, au moment d'entrer en Hongrie, un doute léger s'empare de moi. Est-ce que l'incident de la veille (la rencontre des policiers) ne va pas compliquer mon accès à ce nouveau pays ? Mon nom est-il enregistré quelque part ? Suis-je fiché parmi les gens à surveiller ? Cette pensée me hante tandis qu'au soir de ce même jour, marchant seul dans la campagne, je scrute les champs alentour, en quête d'un endroit où planter ma tente.

Le choix d'un emplacement est affaire d'expérience, mais aussi d'intuition. Les critères rationnels (s'éloigner des étangs peuplés de moustiques, garder à bonne distance les villages et les routes fréquentées...) se mêlent à d'autres, plus subjectifs (éviter l'herbe haute et les recoins ombreux, se méfier des clairières...). Or, ce soir-là, j'hésite. Rien de ce que je vois – bosquets, landes, champs cultivés ou en friche – ne m'inspire confiance. J'avise alors une construction en bois, perchée à trois ou quatre mètres au-dessus du sol. Peut-être une tour de guet, ou une plate-forme d'observation de la faune sauvage ? Je monte l'inspecter : elle est propre, bien bâtie, juste assez grande pour m'y étendre. J'ai trouvé où dormir.

Sans hâte, je déroule mon tapis de sol, dîne de quelques céréales et fais ma toilette dans un nuage de bestioles, avec un gant en tissu éponge et le contenu d'une de mes gourdes. Comme le jour baisse, des animaux nombreux défilent sous mon refuge : des chevreuils, un gros lièvre, un mustélidé haut sur pattes qui peut être une martre ou un putois. Mon perchoir abrite aussi d'assez grosses araignées, que je surveille du coin de l'œil sans me résoudre à passer le balai – après tout, elles occupaient les lieux avant moi.

Vers minuit, une lune jaune et mafflue monte sur l'horizon. Le champ borde une voie ferrée. Toutes les heures environ, un petit train provincial, une locomotive et deux wagons aux vitres brillamment éclairées, file dans la nuit tel un jouet lumineux.

La frontière entre la Croatie et la Hongrie épouse le tracé d'une rivière, la Drave, que je franchis le lendemain. On a simplement visé mon passeport, sans fouiller mon sac à dos ni poser aucune question. Peu de véhicules empruntent la route où je marche, et aucun piéton. Il ne me semble pas que les policiers soient plus nombreux ni plus méfiants qu'à l'ordinaire.

En cet été 2015, le nom de la Hongrie revient souvent dans l'actualité. À la pointe orientale de l'espace Schengen qui regroupe les territoires de vingt-six États européens, la Hongrie vient de fermer l'une de ses frontières méridionales pour contenir une vague de migrants africains ; un mur très haut est en train d'être érigé, destiné à repousser les candidats à l'exil ; les trains internationaux au départ de Budapest ont été suspendus – j'ai pris l'un des derniers qui circulait pour retourner en Croatie ; on parle aussi d'autobus affrétés par le gouvernement qui sillonnent les routes et ramassent les étrangers... Ce contexte, connu avant mon départ, me donnait quelques alarmes. J'imaginais, à la nuit tombée, des migrants sortir des bois et courir la campagne, talonnés par les chiens-loups des policiers. Peut-être serai-je interpellé, moi aussi ? Après tout, jusqu'en 1994, il existait en France un délit de vagabondage dont la Hongrie, pays très conservateur, doit posséder l'équivalent.

En réalité, de migrants, je ne verrai pas l'ombre, excepté quelques groupes aux abords de la gare de Budapest, leurs tentes alignées sur le parvis comme sur tant de places européennes. Cependant, les conditions parfois tendues de ma longue marche m'ont rendu sensible au sort de ces pauvres gens. Dormant dehors deux nuits sur trois, endurant l'extrême chaleur ou l'humidité, inquiet toujours de ne pas trouver d'eau, contraint de porter les mêmes vêtements des jours durant, en butte à la méfiance des riverains et à l'hostilité braillarde des chiens de garde, j'ai eu un aperçu de ce qu'un migrant pouvait vivre, quand il traverse comme moi – à pied – de vastes territoires. La plupart des migrants doivent marcher, à un moment ou à un autre de leur voyage. Lorsqu'il n'y a pas de trains ou d'autobus pour les acheminer, c'est sur leurs jambes qu'ils progressent vers leur destination. Dernièrement encore, un groupe de plusieurs centaines d'individus a parcouru cent soixante-quinze kilomètres à travers la Hongrie, pour rallier la frontière autrichienne.

Bien sûr, ma situation est tout autre que la leur. Cette marche est un choix, rien ne m'y oblige. Mon équipement est limité mais suffisant, et j'ai un peu d'argent pour me ravitailler. En France, j'habite une maison que je retrouverai dans quelques semaines. Enfin, mes papiers sont en règle et mes relations avec les autorités, d'ici ou d'ailleurs, sont harmonieuses.

Il n'empêche, quand j'ahane le long des nationales par trente-neuf degrés, courbé sous le poids de mon sac, je me sens une proximité, sinon une parenté, avec ces marcheurs aiguillonnés par la nécessité. Leur façon de penser et d'agir me devient plus sensible – mieux, je crois, qu'aux automobilistes dans le confort de leurs berlines climatisées.

Mes premiers pas en Hongrie sont assez désinvoltes. Sous cette chaleur, je devrais ralentir l'allure, m'abriter aux heures méridiennes, boire et manger à satiété. Au lieu de quoi, captif de cette humeur morose qui m'habite depuis la France, je commets des imprudences. Privé du moindre appétit, je saute le petit déjeuner et le dîner, me contentant à midi d'une assiette dont j'avale à peine la moitié. La tenue de mon carnet de voyage et la poursuite du seul livre emporté avec moi ne suffisent pas à distraire ma longue attente à la terrasse des restaurants. Comment occuper tout ce temps, sans personne à qui parler ?

S'ajoute que je ne suis jamais fatigué, jamais ! Pendant cette longue étape, je n'ai pas connu la moindre courbature, le moindre essoufflement, à croire que mon corps détenait le secret d'une endurance infinie. Seuls m'arrêtent la nuit et, quand même, tous les sept kilomètres environ, le cisaillement de la bretelle droite de mon sac à dos dont je dois régulièrement soulager mes épaules.

Par ennui, donc, pour brûler dans l'action des forces inentamées, je me jette dans la fournaise dès treize ou quatorze heures, le soleil au zénith. J'ai adapté ma tenue à ces conditions sévères. Lunettes couvrantes, chapeau humidifié et, autour du cou, un collet de tissu éponge car ma crème solaire indice cinquante, même appliquée à chaque halte, ne protège pas assez ma nuque.

Les automobilistes qui me dépassent n'en croient pas leurs yeux. On m'encourage à coups de klaxon. Des voitures, des camions freinent à ma hauteur et proposent de m'embarquer. Cela arrivera constamment, au cours des semaines à venir. Un chauffeur d'autobus s'arrête au milieu de la route, il insiste pour me prendre à bord. « C'est gratuit », précise-t-il. Je décline avec un sourire, tâchant d'expliquer ce que je fais, et qu'il n'est pas question pour moi de monter dans aucun véhicule. De guerre lasse, les automobilistes finissent par repartir, me saluant par la vitre ouverte. Deux ou trois marcheurs ensemble éveillent la curiosité, suscitent parfois la méfiance. Mais un marcheur seul, qui se traîne à midi sous la canicule, ferait plutôt pitié.

Ce jour-là, après dix kilomètres de marche en plein cagnard, je sens venir un coup de chaud. J'en ai tous les symptômes. Le sang bat à mes tempes, ma vue se brouille, et l'air brûlant descendu dans ma gorge l'assèche douloureusement. Il faut vite me mettre à couvert. Je suis prêt à me jeter dans le fossé, pour profiter du maigre ombrage des acacias qui bordent l'asphalte, mais le hasard m'offre mieux : un pré abrité par de grands noyers, à côté d'un crucifix de pierre. Je déroule mon tapis de sol et m'effondre, au bord de l'évanouissement. Cet arbre et ce dieu me sauvent d'une belle insolation.

Lors des marches précédentes, je n'avais pas emporté d'écouteurs. Cette fois, je m'en suis pourvu et ne le regrette pas : écouter plusieurs podcasts d'affilée – des dizaines d'émissions de radio, dont je renouvelle le stock partout où j'accède au réseau – ou, plus rarement, des chansons qu'à la longue je sais par cœur, rompt agréablement la monotonie des étapes quotidiennes.

À force de marcher, je développe aussi d'étranges aptitudes. Par exemple, le sens unique de ma progression, en général vers l'est, m'a appris à m'orienter grâce au soleil – le soleil que j'ai face à moi le matin, dans mon dos l'après-midi. Selon que mon ombre se projette un peu plus à gauche ou à droite d'un axe médian, je sais si mon cap dévie vers le sud ou vers le nord.

Enfin, mes pas s'accompagnent de méditations silencieuses sur mon environnement, si pauvre ou monotone soit-il. Je suis devenu connaisseur, et presque spécialiste, des mille et une saletés qu'on ramasse le long des routes. Rien qu'au bruit, je sais identifier le type, et presque le modèle, des voitures qui arrivent dans mon dos. Même chose pour le revêtement de la chaussée dont l'aspect, le grain et la teinte dominante me renseignent sur la variété : il y a tout un monde entre le goudron papuleux et mal cuit des routes de campagne et l'asphalte satiné des voies rapides.

Dans mon carnet :

« Le premier aperçu d'un pays, lorsqu'on y pénètre par la route, ce sont les panneaux de circulation. Ils tendent certes à s'uniformiser, d'un bout à l'autre de la planète. Mais des variantes existent, qu'un œil observateur relève avec profit. En Hongrie, j'ai noté qu'une certaine catégorie de panneaux – les panneaux forestiers (passage de gibier, etc.) – subissait régulièrement des altérations humoristiques. Avec un feutre noir, on pourvoit l'animal bondissant d'un phallus en érection ou d'une paire d'ailes angéliques.

Autre particularité locale, le motif du panneau marquant la présence de piétons. J'en ai photographié plusieurs, récents ou plus anciens. Et tous, sans exception, montrent un homme avec une petite fille. Cette constante m'a jeté dans la perplexité : sont-ce toujours les pères qui promènent les enfants ? Et ces enfants sont-ils toujours du sexe féminin ?

Mais les panneaux les plus étranges qu'on rencontre en Hongrie, ce sont certains écriteaux placés à l'entrée ou à la sortie des villages et qui, je suppose, en transcrivent les noms dans un dialecte local. À ma grande honte, je n'ai pas su identifier cette écriture[1]. Elle n'emprunte pas à l'alphabet latin mais se compose de fourches, de cercles rompus, de triangles hachurés, de bâtonnets qui s'embranchent les uns aux autres. Cela m'évoque le *tifinagh* autrefois en usage dans certains pays du Maghreb, et qu'écrivent encore les nomades touareg. »

Ayant provisoirement perdu l'appétit, je n'emporte aucune nourriture, mon sac à dos est ainsi plus léger. Je m'allège moi-même assez vite : j'aurai perdu dix kilogrammes pendant les trois semaines qu'aura duré l'étape.

En revanche, sous la chaleur féroce, j'entonne d'impressionnantes quantités d'eau et renouvelle ma provision quand je rencontre l'une de ces belles pompes à bras, d'un bleu rustique, installées à l'entrée des villages. Dans les cafés aussi, je demande à remplir mes gourdes et à charger mon téléphone, ce qu'on m'accorde

1. Si, depuis mon retour : il s'agit de runes hongroises, sans doute dérivées de l'écriture turkmène, en usage dans le pays jusqu'au milieu du XIXe siècle.

volontiers, même si l'établissement vend des bouteilles d'eau minérale.

Il faut dire qu'en dehors des fontaines et des débits de boissons, l'eau est rare en Hongrie. Le pays n'a rien de désertique, pourtant j'ai marché des semaines sans franchir une seule rivière, à croire que toute l'humidité des terres se concentrait dans le grand lac du sud-ouest, le lac Balaton, et quelques étangs par-ci, par-là, dévorés aux deux tiers par des jonchaies conquérantes.

À moins que l'eau ne circule sous terre, chaude et sulfureuse, captée dès la source par les nombreux hôtels et centres de cure qui font la renommée du thermalisme hongrois… En attendant de découvrir les bains de Budapest, je veux profiter de mon passage à Zalakaros, près d'un étang joliment baptisé « Kis-Balaton » – le « petit Balaton » –, pour goûter aux ablutions locales. La ville fourmille de touristes et les hôtels pullulent. Beaucoup de maisons, aussi, portent un écriteau en allemand : « Maison à louer », ou plus rarement : « Chambre à louer ». On croirait que les habitants ont déserté Zalakaros, confiant la garde de leurs villas à la clientèle surtout germanique qui fréquente l'endroit.

Arrivé de bonne heure, je ne doute pas de trouver bientôt à me loger et de pouvoir, avant la nuit, m'immerger dans une piscine à bouillons. Mais les hôtels affichent tous au moins trois étoiles et, s'ils ne sont pas complets, pratiquent des tarifs qui dissuadent de les compléter. Je n'ai pas plus de chance en sonnant, ici et là, aux portes particulières : je comprends assez vite qu'il s'agit de locations réservées à l'avance, que rien n'est prévu pour les marcheurs aux nuits improvisées. À quoi bon, en effet, ouvrir une pension bon marché, quand on peut louer dix fois plus cher sa bicoque à une famille berlinoise ?

Une heure durant, j'arpente les rues de la ville, hantées par l'odeur soufrée des eaux thermales. Mais Zalakaros ne veut pas de moi. Secouant la poussière sous mes semelles, je lui tourne le dos et vais mon chemin.

Nouveaux déboires, le lendemain. Comme j'arpente une digue immense qui longe des étangs, un véhicule me rejoint dans un nuage de poussière. C'est une zone naturelle protégée, m'apprend l'homme au volant. Son accès est réservé aux scientifiques et aux personnes qu'ils accréditent. Je suis en infraction avec la loi et dois vider les lieux. Une chance que la voiture transporte du matériel, sans quoi, il me proposerait sûrement de monter à bord. Or, j'ai déjà marché trois ou quatre kilomètres, pas question pour moi de faire demi-tour. À force de palabres, j'obtiens de sortir par l'autre extrémité du parc, ce qui revient à le traverser malgré l'interdiction.

La voiture repartie, un grand silence tombe sur les étangs, de petits paradis en effet : eau pure, végétation d'un vert intense, canaux et vasières en pleine santé où s'ébattent des milliers d'oiseaux. Mon pas léger les effarouche à peine, je marche tout près d'une famille de cygnes et d'échassiers blancs. Aigrettes, hérons, guêpiers, oies migratrices, cormorans peuplent ces eaux tranquilles. Partout dans le monde, la vie sauvage ne subsiste qu'au sein de réserves comme celle-ci, sous la surveillance d'une police verte chargée d'écarter les intrus. L'homme moderne ne fait bon ménage avec aucune autre espèce, sauf quelques animaux domestiques et, bien sûr, le grouillement clandestin des rats et des cancrelats. Triste pensée, en vérité.

Retrouver la route est pénible. Vitesse, bruit, pollution : on m'a chassé du jardin d'Éden. Familier du goudron, je le suis hélas des pollutions qui se développent aux abords des voies rapides. Elles consistent pour l'essentiel en canettes de bière, une tous les trois ou quatre mètres sur certaines sections, et l'on attend le gouvernement hardi qui osera taxer les brasseurs pour leur responsabilité dans la dégradation des paysages. En Hongrie, il s'agit aussi d'une boisson énergisante, la bien nommée *Hell*, dont les canettes en aluminium rouge, illustrées d'un diablotin souriant, jouissent le long des routes d'une déplorable ubiquité.

Marcher développe une certaine aversion pour les buveurs de bière conditionnée, mais aussi pour les chiens et les motos – les premiers vous aboient dessus, les secondes vous déchirent les tympans. Pourtant, nombre de motards m'adressent des signes amicaux, identifiant peut-être en moi un avatar de cette liberté qu'ils chérissent. Ils ont tort. Leur *trip* n'est pas le mien.

Ce chapelet d'étangs prépare une grande rencontre : celle du lac Balaton, que je vais longer dans la direction de Budapest. L'encyclopédie décrit un lac de soixante-dix-sept kilomètres, cependant, si j'additionne mes relevés quotidiens, ce sont bien cent quinze kilomètres que j'ai comptés d'un bout à l'autre.

Il y a des avantages à marcher près d'un lac. L'itinéraire se simplifie beaucoup – il suffit d'avancer en gardant l'eau toujours du même côté, à droite ou à gauche. Et puis, on peut s'y baigner le soir et soulager délicieusement les fatigues de la journée. L'inconvénient est commun à tous les sites touristiques : les hôtels sont pris d'assaut, les campings eux-mêmes n'offrent plus le moindre recoin où dormir, partout les prix montent selon le pouvoir d'achat des visiteurs, ici très élevé puisqu'il s'agit en majorité d'Allemands et de Néerlandais. Finis, les repas complets à cinq euros, les cafés facturés quelques dizaines de centimes comme dans l'arrière-pays… J'ai perdu l'habitude de détailler les menus, je vais devoir les étudier à nouveau.

Le renchérissement est général et je dois rationner mes plaisirs, qui consistent en Hongrie dans les deux cafés du matin, la bière de dix-sept heures et, ponctuellement, une crème glacée autour de midi. Les Hongrois vouent une vraie passion aux glaces. Dans certains villages, le seul commerce en activité vend des sorbets, deux ou trois parfums qui remplissent des bacs tassés dans un réfrigérateur minuscule. Une telle boutique se passe d'enseigne, les villageois connaissent l'adresse du débit de glaces où ils viennent à toute heure s'attabler en compagnie d'autres amateurs de crème congelée. En Turquie, les hommes se retrouvent au café pour fumer le narguilé. À Cuba, ils jouent aux dominos. Au Portugal, ils battent les cartes. En Hongrie, les mêmes lèchent des glaces avec gourmandise, sympathique coutume qui donne à ces réunions surtout masculines des airs de préau d'école. Un peuple retombé en enfance…

Les cafés hongrois que j'affectionne ont un mobilier solide, tout en bois, peu de chaises mais de longs bancs étoffés parfois de coussins sur lesquels s'avachit une clientèle mélancolique et taciturne. La carte des consommations est courte. Au minimum bière et sodas, plus rarement café, alcools forts, limonade locale à base d'agrumes. Beaucoup de ces établissements affichent le prix de la bière, sur un panonceau près de la porte, afin, je suppose, d'aider à la comparaison.

Mon entrée dans ces bars fait sensation. Je sens qu'en traversant la salle jusqu'au comptoir puis en prenant une place à l'écart, le sac à mes pieds tel un fidèle chien de garde, je divertis les buveurs et, sans doute, leur fournis un beau sujet de conversation. Je n'éprouve, faisant cela, aucune espèce de gêne ou de timidité. Au contraire – est-ce l'élan de la marche, l'excitation de sentir tous ces regards sur moi ? –, une certaine vanité m'habite, en forçant de la sorte la communauté des buveurs. Parfois, j'en rajoute un peu. Dans le geste d'ôter mon sac, par exemple, j'introduis un rien de jeu, un soupçon de théâtralité. Mes épaules roulent, je grimace. Exprès, je n'essuie pas tout de suite la sueur qui lave mes joues ni la poussière collée à mes chevilles ; c'est un peu comme le blessé de guerre qui laisse entrevoir une cicatrice dans l'échancrure de sa chemise.

Le rôle du randonneur est avilissant, c'est un être sale et boueux qui sent la peine et, à la fois, il est avantageux, par l'héroïsme qu'il incarne aux yeux des immobiles. À tort ou à raison, on attribue à ce personnage de souffrance, Christ des routes ployé sous le faix de son énorme sac, des valeurs estimées – en pays chrétien surtout : le courage, l'effort, la résistance et l'opiniâtreté. Une certaine droiture morale, aussi.

L'effet est d'autant plus fort dans un bar de campagne qui concentre les individus en marge, paumés de toutes espèces, alcooliques à divers degrés. Cet homme debout au milieu des assis, ce brave qui relève le défi de la distance, de la chaleur intense ou du froid extrême, porte des médailles qu'on ne voit pas. Elles lui valent pourtant, de temps à autre, des gratifications spéciales : le don de quelques fruits par une dame dans son jardin, le partage du repas des pique-niqueurs, un voyage gratuit à bord d'une auto – invitation, bien sûr, qu'il doit décliner avec fierté. C'est, n'en doutons pas, l'offrande du menu peuple au demi-dieu des chemins.

Autour du lac, les campings ont presque tous la même disposition. Flanqués d'un côté par la voie ferrée qui longe la rive nord, ils sont bordés de l'autre par le Balaton, auquel les pensionnaires ont un accès direct et permanent. Un détail d'importance. Les berges présentent une alternance de vasières infranchissables, de campements et de plages aménagées. Pour accéder à ces dernières, qui concentrent sur quelques mètres de largeur et quelques centaines de mètres de long la quasi-totalité des touristes, il faut payer. Le prix est modique mais la réunion au même endroit de tous les baigneurs, des boutiques de souvenirs, des bars et des restaurants, crée des attroupements artificiels. On se tasse derrière les grilles des plages touristiques alors qu'on pourrait s'étaler sur des kilomètres de rives sauvages !

Encore faut-il trouver un accès libre à l'eau... Sur tout le lac, je n'en ai vu qu'un : une pelouse d'un vert tendre, une trouée dans les joncs où des familles hongroises, et quelques cyclistes, ravis de l'aubaine, venaient se rafraîchir autour de midi. Moi-même, je m'y suis étendu près de deux heures.

Les eaux du Balaton ont une couleur glauque, d'un vert céladon tirant sur le bleu, comme les rivières de montagne qu'alimentent les glaciers. La très faible profondeur, trois mètres en moyenne, explique leur température accueillante : chauffées longuement par le soleil, elles affichent vingt-sept ou vingt-huit degrés et l'on y pénètre à l'aise. Moi qui fréquente peu la piscine et reconnais m'y ennuyer, j'ai découvert la volupté du bain crépusculaire, sceau et récompense des peines de la journée. Arrivant dans un camping, je n'ai qu'une hâte : ôter mes habits et piquer une tête face au soleil couchant.

Hors des camps, en revanche, point de salut. Difficile d'envisager un bivouac sur ces rives fréquentées. Une ou deux fois, j'ai dû prolonger l'étape jusqu'à la nuit pour trouver un hébergement.

Dans mon carnet :

« À l'entrée du village, une pension d'aspect modeste. La propriétaire, derrière la grille fermée, est en train d'arroser ses fleurs. Elle me fait entrer. C'est un lieu étrange, entre le foyer de lycée, le préau de colonie de vacances, le magasin de brocante et le musée d'arts et traditions populaires. Le rare mobilier accueille une collection d'objets provenant du Japon, pays auquel la patronne paraît vouer un culte sentimental.

Le reste de la maison est en grand désordre. Réchaud à gaz antédiluvien dans la cuisine. Partout, des bassines, des outils, des matériaux entassés pour bricoler on ne sait quoi. Les cloisons intérieures sont formées d'accordéons de plastique aimantés. Pour aller des douches aux toilettes, des chambres à la salle à manger, on parcourt un labyrinthe opaque où il est bon, et même nécessaire, d'enregistrer soigneusement son trajet.

La patronne a de petites attentions pour ses rares pensionnaires : elle m'offre deux pommes et allume près de moi, qui écris sur la terrasse, une bougie anti-moustiques. Mais la chambre est un cube sans air ni ouverture, où règne durant la nuit une température de four à poterie, pire qu'en journée. Dormi rien du tout. »

Au sortir du lac Balaton, je presse l'allure et allonge les étapes dans l'espoir de retrouver à Budapest une amie qui y séjourne. Visiter la capitale en compagnie, après deux semaines de marche solitaire, serait une parenthèse bienvenue. Pour finir, l'amie en question n'est pas disponible, et c'est encore au singulier que se conjugue ma découverte de cette jolie ville, de ses bains surtout car j'ai besoin de me délasser après les quatre cents kilomètres déjà marchés à travers la Croatie et la Hongrie.

À l'amateur d'établissements thermaux, Budapest offre un large éventail de propositions, depuis les célèbres bains Széchenyi qui se revendiquent les plus grands d'Europe – nulle part ailleurs, de fait, je n'ai vu un sauna capable d'accueillir cent personnes à la fois – jusqu'aux discrets bains Veli Bej, rattachés à un hôpital, dont un marcheur hongrois m'a fourni l'adresse. Je retourne trois fois aux bains et m'y fais masser. En revanche, moitié par lassitude, moitié par paresse de les visiter seul, je n'entre dans aucun musée et traverse sans m'attarder les superbes églises. Ce sera pour une autre fois. D'ailleurs, j'aimerais revenir à Budapest en hiver, quand la ville enneigée se vide de ses touristes et que les bains, ouverts certains en toute saison, élèvent de deux ou trois degrés la température des bassins extérieurs.

Mon projet, en quittant la capitale, est de suivre un chemin repéré avant mon départ : un sentier long de mille deux cents kilomètres qui parcourt le pays dans son intégralité. Bien connu des randonneurs hongrois, le *National Blue Trail* bénéficie depuis quelques années du label européen et, comme tel, a été intégré au sentier E4 qui relie la pointe de l'Espagne aux îles grecques sur plus de dix mille kilomètres.

Budapest est une ville dont, semble-t-il, on s'extrait plus aisément à pied qu'en voiture. Frayant ma voie au travers des embouteillages, j'atteins les collines qui ceinturent la capitale, au nord, et rejoins le *National Blue Trail* après seulement dix kilomètres. Un joli balisage bleu et blanc, bien marqué, guide mes premiers pas en forêt. De temps à autre, une boîte apparaît, fixée à un tronc d'arbre : à l'intérieur, un tampon permet aux randonneurs suivant le sentier bleu de valider chaque étape sur un carnet dédié ; l'équivalent hongrois de la *credencial* des pèlerins de Compostelle.

Le contraste est total avec les routes suivies jusqu'ici. De retour en pleine nature, je savoure la sensation de la terre qui s'ameublit et des cailloux qui roulent sous les semelles ; les odeurs, aussi, des parfums d'humus et de végétation qui dissipent l'âcre souvenir des gaz d'échappement. Le chemin suit la crête des collines dont il épouse toutes les inflexions – cela aussi, je l'avais oublié, un sentier qui descend et qui monte, au lieu de maintenir son altitude !

Après trois heures de ce régime, toutefois, l'étude de la carte me confirme une intuition déplaisante : sur ce genre de chemins, on n'avance pas… J'ai parcouru moins de treize kilomètres alors que, sur du goudron, j'aurais marché le double, droit vers mon objectif. Le sentier flâne et musarde, indifférent bien sûr à ma volonté de progresser vers l'est. La section que j'ai rejointe monte plein nord sur près de deux cents kilomètres, avant de bifurquer vers le soleil levant.

Autre variable que j'ai négligée : la météo. Rôdé au soleil et à la chaleur, c'est presque avec incrédulité que j'ai accueilli, durant mon séjour à Budapest, la nouvelle d'un changement radical des conditions atmosphériques. Jusqu'ici, les bulletins promettaient chaque jour le beau fixe. Désormais, ce sont des pluies fortes qui sont annoncées sur tout le pays. Il semble que je doive poursuivre mon voyage sous des trombes d'eau, dans une fraîcheur quasi automnale.

Les prévisions n'ont pas menti. Le temps est exécrable. Des averses furieuses m'inondent même à couvert des arbres. Malgré ma longue pratique des intempéries, je ne sais pas quels feuillages m'en protègent le mieux, celui du chêne ou celui du hêtre, du robinier ou du sapin, et cours donc d'un tronc à l'autre, sur l'indice des gouttes plus ou moins grosses qui passent au travers. En tout cas, j'apprends que ma carte numérique est difficile à exploiter avec des doigts mouillés ; l'écran tactile n'aime pas l'humidité. Il faut recharger mon téléphone. Je me détourne vers un café qui figure sur la carte – des pictogrammes « Chope de bière » placent utilement les débits de boissons –, en bordure d'un village dont c'est le seul commerce, et même la seule fenêtre allumée. Là, devant un demi commandé sans soif, je fais le point en reniflant dans ma veste trempée. Il me reste sept jours à marcher. À ce rythme, je vais quitter le pays sans avoir progressé d'un kilomètre vers la frontière ukrainienne. La faute à ce sentier qui n'en fait qu'à sa tête !

Dans mon carnet :

> « Clientèle de grands habitués : au comptoir, ils font la programmation musicale, se servent eux-mêmes à boire. Ils ne règlent pas aussitôt les consommations, inscrites dans un grand registre sur le compte de chacun.
>
> Décor du bar : tables en formica, chaises creuses tapissées de velours, baby-foot hors d'usage. Sur une grille verticale, au mur, une réunion d'objets hétéroclites, composition surréaliste dont la finalité m'échappe. Un lien doit exister entre ce rabot et ce fouet électrique, cette canne à pêche et ce gilet de sécurité, entre ces différents modèles de sécateurs, mais lequel ?
>
> Personne ne me prête attention. Quand même, quelqu'un se dirigeant vers la sortie s'arrête, me toise avec incrédulité, considère mon sac à dos ruisselant de pluie et prononce quelques mots de hongrois dont je devine le

sens : “Mais qu’est-ce que tu fiches, à marcher par un temps pareil ? Tu n’as vraiment rien d’autre à faire ?” »

Les conditions se corsent dans l’après-midi. Sous l’effet des fortes pluies, la boue envahit les sentiers, pavés d’immenses flaques difficiles à contourner. J’affronte des montées glissantes où mes chaussures n’adhèrent plus, où mes bâtons même se plantent sans accrocher. Deux pas en avant, trois pas en arrière !

Nouvelle halte dans un village, pour m’abriter d’un orage surpuissant. Une heure durant, frissonnant sous un abribus, je regarde l’eau dévaler les rues et des voitures barboter à contre-courant. Il est déjà tard, où vais-je dormir ce soir ? La carte promet bien quelques huttes, le long du chemin, mais je sais d’expérience que ces refuges peuvent être très sommaires. Il s’agit plutôt de terrains dégagés, propices au bivouac, que de campements dignes de ce nom.

Tant pis, je n’ai pas le choix. La hutte la plus proche se situe à douze kilomètres. Il faut gravir une petite montagne, ce doit être faisable même dans l’obscurité. Vers vingt heures, sous l’orage qui gronde toujours, j’entame par un sentier boueux et raide, dans la forêt qui s’obscurcit, l’ascension vers le refuge. Je marche seul, d’une foulée résolue. Il fait de plus en plus noir, je porte désormais ma lampe frontale que j’allume par intermittence. Vive émotion en croyant reconnaître un homme en manteau, coiffé d'un tricorne, qui m'attend au bord du chemin !

Près d'arriver, je rencontre une maison qui ne figure pas sur la carte. Elle a toutes les apparences d'un refuge de montagne. Un grand écusson métallique orne la façade, une table et des chaises sont visibles à l'intérieur. Sur un panneau en hongrois, indéchiffrable pour moi, je repère le mot « TURISTA ». Mais alors, si ce bâtiment a une vocation hôtelière, pourquoi est-il fermé en plein été ? Un cadenas solide équipe la porte. J'essaie de le forcer, donnant du pied et de l'épaule dans le vantail – sans résultat.

J'ai perdu beaucoup de temps à jouer les cambrioleurs. La nuit est noire quand je reprends le chemin. Heureusement, grâce à la fonction GPS de mon téléphone, une flèche me positionne assez précisément dans l'entrelacs de pistes et de sentiers qui courent la forêt. Avec une carte papier, je serais déjà perdu. Malgré tout, la hutte est difficile à trouver. Et pour cause : il n'y a pas de hutte – seulement une table, deux bancs, des rondins de bois en cercle autour d'un foyer de plein air. Rien pour se mettre au sec. Faute de mieux, je monte ma tente à la lueur de ma lampe frontale, fais ma toilette de même, et laisse l'averse me rincer.

Le lendemain, je décide de quitter le sentier bleu, impraticable par ce mauvais temps. Commence une errance de plusieurs jours sur les routes de campagne, harcelé par la pluie, en quête chaque soir d'une pension qui pourrait m'accueillir. Jusqu'au lac Balaton, j'ai eu de la chance : deux fois sur trois, une auberge ou un camp se présentait quand j'en avais besoin. Mais le sort, dirait-on, m'est devenu contraire.

Tel soir, mes pas me conduisent dans une assez grosse bourgade, Vác, qui a l'aspect d'une ville animée et commerçante. Plein d'espoir, j'arpente les rues le nez en l'air, relevant des enseignes de cafés, de restaurants, de fleuristes, de marchands de journaux, certain d'y repérer bientôt celle d'un hôtel. N'en voyant pas, j'entre dans une pharmacie, en grand nombre dans la ville. Le personnel est serviable. Quelqu'un sort un annuaire et déniche une pension qui n'a pas l'air très loin. La rue figure sur un plan affiché devant la gare. Je me rends à l'adresse indiquée, sonne à la porte : pension fermée. Cette nuit-là, comme la veille et le jour suivant, je dormirai sous la tente.

Tel autre soir, au terme d'une marche record de quarante-quatre kilomètres, je parviens de nuit dans un village de la plaine, Nagykökényes. Le seul commerce ouvert est une pizzeria où, sans avoir faim, je commande à manger pour m'attirer les bonnes grâces de la patronne. Mon secret espoir est qu'elle me garde chez elle, ou du moins m'accorde un bout de banc au sec dans son restaurant. D'autant qu'elle m'a confirmé l'absence d'hébergement à proximité : la première pension se trouve à vingt-cinq kilomètres. Hélas, mon plat avalé, elle me laisse partir sans un mot d'encouragement. Il faut trouver un pré où planter ma tente. Depuis midi, je n'ai vu que des labours détrempés par la pluie, et crains d'avoir à déplier ma toile dans la gadoue. Mais non : un petit coin d'herbe, juste à la sortie du bourg, accueille mon campement de fortune.

Au début de l'étape, je choisissais avec soin les endroits où m'installer. Puis, les semaines passant, j'ai appris à coucher à peu près n'importe où : au bord d'une route, à la lisière d'une forêt, dans les creux d'un guéret, sur les épis aigus d'un champ de blé qu'on vient de faucher, etc. Mes gestes aussi gagnent en efficacité. Il faut trois minutes pour établir mon logement de toile à l'abri duquel, désormais, je trouve vite le sommeil.

L'humidité, en revanche, reste un problème. Rincée chaque nuit par les intempéries, ma tente est aussi mouillée dedans que dehors. Le bas de mon sac de couchage est trempé, mes habits de même, sans que je sache toujours si c'est de pluie ou de sueur. Je n'ai plus aucun change et, depuis six jours, porte le même tee-shirt, les mêmes chaussettes, les mêmes sous-vêtements que j'enfile endroit et envers pour me donner l'impression de les renouveler. Inutile de faire une lessive : rien ne sécherait !

Sale, barbu, amaigri, je connais plusieurs fois la tentation d'abandonner. Le seul réconfort de ces journées maussades, ce sont les bons plats devant lesquels je m'attable, chaque midi, assiettes fumantes et savoureuses que j'ai soin de photographier, comme s'il fallait enregistrer dans ses moindres détails l'aventure culinaire qui, désormais, double l'aventure sportive.

Ma condition s'améliore aussi grâce à Internet, proposé dans certains cafés. Un site utile permet de réserver le matin, pour la nuit même, une chambre dans la prochaine ville sur mon trajet. Mais le moral reste bas. Ruminant toute la journée sous les averses, je m'interroge sur le sens profond de ma marche et, à ma grande confusion, ne sais pas le définir.

Dans mon carnet :

> « De quoi, au fond, est-ce que je me punis ? À quoi bon ces efforts poussés au-delà du raisonnable, alors que rien ne m'y oblige ni ne m'en récompense ? À quoi bon marcher seul des dizaines de kilomètres pour arriver, de nuit, dans une ville dont je ne verrai rien, dans une chambre où j'aurai juste la force de vider mon sac, de prendre ma douche avant de m'écrouler sur un lit ? Comme si je ne méritais pas le bon temps, le simple bon temps que prennent autour de moi ces touristes au milieu de qui je surgis à foulées rapides, suant, sac au dos, vaine incarnation du zèle et de l'obstination… »

Ma marche se prolonge encore une semaine, au rythme soutenu de trente-sept kilomètres par jour. J'atteins Gyöngyös, puis Eger, et, avalant d'une traite une réserve naturelle de quarante-trois mille hectares au nom dépaysant, le parc national de Bükk, je parviens à

Miskolc, grande ville du nord-est du pays, le terme que je m'étais fixé pour cette longue étape.

Ainsi, j'ai traversé la Hongrie presque en entier. Me voici à l'extrémité de l'Union européenne, aux confins aussi de l'Europe géographique – si tant est qu'on puisse s'accorder sur la frontière fluctuante de cet ensemble de pays, dont la bordure, toujours russe, s'est déplacée au fil des siècles des rives du Don aux monts Oural.

La prochaine étape me placera devant un choix délicat : Ukraine, Slovaquie ou Roumanie ? Il faudra arbitrer entre plusieurs destinations, selon les inflexions vers le nord ou vers le sud que donneront à mon itinéraire « plein est » les tensions politiques du vieux continent.

Jusqu'ici, notre marche n'obéissait qu'à son caprice. Il importait peu d'élire l'Allemagne ou l'Autriche, la Belgique ou la Suisse pour nous acheminer vers l'Orient. Aux quelques détails près des langues et des mœurs, tous ces pays de l'ouest de l'Eurasie se ressemblent, ils témoignent de visions du monde et de l'humanité sinon convergentes, du moins ajustables. En un mot, ils font civilisation. Mais, de ce groupe cohérent et assez homogène, je m'apprête justement à sortir.

Un pas plus loin que la frontière ukrainienne, j'entrerai dans un monde nouveau, en rupture parfois avec le mien. Les convulsions de l'époque s'y font sentir avec plus d'amplitude, la paix qui règne encore dans l'ensemble de l'Union n'y est pas partout respectée. Un marcheur français y prend plus de risques, il y trouve moins de repères. Ces contrées plus à l'est feront de moi un étranger, un vrai. Le passage des frontières ne sera plus une formalité, mon passeport inclura des visas que la police examinera de plus près, d'un œil moins complaisant.

L'aventure du voyage à pied, elle-même, se renouvellera. Elle gagnera peut-être sa majuscule dans la rencontre d'une bête sauvage ou d'un milicien mal embouché, dans des violences, des accidents, les fastes inouïs de la nature et la splendeur d'une nuit étoilée, à cent kilomètres de la plus proche agglomération. Qui sait ce qui m'attend ?

Une certitude : je ne marcherai plus seul. De grands aventuriers sont de trempe à franchir tout un continent, flanqués de leur seule ombre ou, à la rigueur, d'un animal de compagnie. Sarah Marquis l'a fait, à travers l'Australie, sans autre partenaire qu'un chien bâté. Je n'ai pas sa vaillance. À mes yeux, les longs voyages à pied n'ont d'intérêt, car d'agrément, qu'accomplis à deux ou à plusieurs.

Il m'appartiendra de recruter des compagnes et des compagnons de marche désirant, comme moi, avaler l'horizon qui toujours se dérobe.

Table

DU MÊME AUTEUR

Aux Éditions Albin Michel

DISCOURS D'UN ARBRE SUR LA FRAGILITÉ DES HOMMES, roman, 2015.

LE MAÎTRE DE CAFÉ, roman, Grand Prix de la SGDL, 2012.

CONCERTO POUR LA MAIN MORTE, roman, 2013.

Chez d'autres éditeurs

L'ÎLE, conte, J. Grancher, 1993.

LE PRINCE DE LA FOURCHETTE, roman, Arléa, 1995.

MADAGASCAR, PREMIERS PAS AU PAYS D'ARGILE, récit de voyage, Fer de Chances, 1999.

PASTEL, roman, Gallimard, 2000.

LE VOYAGE, essai, Desclée de Brouwer, 2002.

LE FANTÔME DE LA TOUR EIFFEL, roman, Gallimard, 2002.

L'ÉPÎTRE À LOTI, essai, L'Escampette, 2003.

JULES VERNE, biographie, Nouveau Monde, 2004.

L'ENFANCE DE CROIRE, récit, Gallimard, 2004.

À L'HEURE !, essai, Virgile, coll. « Suite de sites », 2005.

LE JARDINIER D'ASSISE, roman, Desclée de Brouwer, 2005.

SEMPER AUGUSTUS, roman, Gallimard, 2007.

LE PLAFOND DE VERRE, essai, Desclée de Brouwer, 2009.

LE COLONEL DÉSACCORDÉ, roman, Gallimard, 2009.

VOYAGE EN FRANCOPHONIE, UNE LANGUE AUTOUR DU MONDE, essai, Autrement, 2010.

CANISSE, récit d'anticipation, Gallimard, 2010.

HAUT VOL, roman, Gallimard, 2014.

Bandes dessinées, ouvrages illustrés

CHAMBRES NOIRES, TOME I : ESPRIT, ES-TU LÀ ? en collaboration avec le dessinateur Yomgui Dumont, Vents d'Ouest, 2010.

PILORI, en collaboration avec le dessinateur Benjamin Bozonnet, Elytis, 2010.

CHAMBRES NOIRES, TOME II : CHASSE À L'ÂME, en collaboration avec le dessinateur Yomgui Dumont, Vents d'Ouest, 2011.

CHAMBRES NOIRES, TOME III : REQUIEM EN SOUS-SOL, en collaboration avec le dessinateur Yomgui Dumont, Vents d'Ouest, 2012.

PLUS HAUT QUE LES NUAGES !, en collaboration avec le dessinateur Arnaud Crémet, Le Buveur d'encre, 2014.

GOYA, en collaboration avec le dessinateur Benjamin Bozonnet, Glénat, 2015.

TOULOUSE-LAUTREC, en collaboration avec le dessinateur Yomgui Dumont, Glénat, 2015.

20. le sac... 22. le chapeau / 2 paire des gants / 2 caleçons

53. les chaussures

52 - Partir au lever du soleil...

54 _ Une forme exultante

71 - cartes numériques.

13 - des noms de marcheurs

+ 28 - distances

- siffler
- couv. survie
- Nb sacs -
vêtements
- recharge téléphone
- anorak
- tour de cou
- tapis gonflable.
- lampe frontale
- gourde
- agenda Meskine
- Tente légère
- Thermomètre

Composition : IGS-CP
Impression : CPI Bussière en avril 2016
Éditions Albin Michel
22, rue Huyghens, 75014 Paris
www.albin-michel.fr

ISBN : 978-2-226-32606-5
N° d'édition : 22193/01 – N° d'impression : 2020714
Dépôt légal : mai 2016
Imprimé en France